A Esther, mi [...] [...] [...] diferentes a los míos, pero intereses comunes.
A mis hermanos Raquel, Ruslan y Alice, hemos tenido la suerte de salir de la misma madre.
A mi madre, porque ni ella misma sabe que tiene una vida de novela.
A mi hijo, porque *is a good boy.*
No me olvido del trabajo desinteresado de Iñaki García (Inakigarcia.com) por su dedicación cada vez que le he necesitado.
A Glen Carrie por la portada.
Sants-Badal people.
No puedo olvidarme de Adolfo Salas (Ojalá hubiéramos tenido estas charlas cuando estaba en activo) ni de Edmundo Endje por ver en mí un potencial un tanto exagerado.
Y para finalizar, doy las gracias a los que compraron las primeras versiones de este libro; no todo el mundo es capaz de apostar con ilusión a un caballo flaco.
Gracias.

Prólogo

Hasta que no llegué a Barcelona con nueve años no se me pasó por la cabeza perseguir un balón de fútbol. Fue la fiebre que se vivía en la Barcelona olímpica y el nacimiento del Dream Team, además de la facilidad que tenemos cuando somos niños para hacer amigos, lo que me introdujo en el mundo del fútbol. De un día para otro, mi madre nos ofreció a mi hermano y a mí la posibilidad de ir a jugar a un equipo de un barrio obrero de L´Hospitalet, el Sector Sanfeliu. Nada nos hizo presagiar que pocos años después iba a enrolarme en la cantera del RCD Espanyol. Ni en mis mejores sueños soñé ganar un campeonato del mundo infantil de clubes y ser nombrado mejor jugador del mundo. Todo ocurrió el mismo año en el que llegué procedente de L´Hospitalet con doce años. A partir de esa hazaña inicié un camino que me llevó a jugar en varios equipos a nivel profesional, incluyendo ser el primer jugador español menor de veinte años en firmar un contrato con un equipo de la primera división liga inglesa, el Southampton.

Las expectativas depositadas en mí fueron altas entre los entendidos del fútbol formativo, muchos veían en mí potencial para ser un jugador de referencia a nivel mundial. Lo veían con más claridad que yo. Posiblemente tuviera cualidades para llegar más lejos de lo que llegué, pero ahora que han pasado los años, y después de retirarme con veintiséis años para reiniciar mi vida, miro atrás y soy consciente de la cantidad de asuntos de los que no se me advirtió cuando era futbolista. Hay experiencias de las que nadie te puede advertir porque se aprenden viviéndolas, pero hay situaciones comunes en la vida de todo futbolista que convienen ser explicadas para prevenirlas o superarlas.

En este breve libro toco algunos temas con los que he tenido que lidiar y algunos temas que son ignorados por los aficionados al fútbol, e incluso por muchos futbolistas. No siempre es posible poner palabras a los sentimientos y a las sensaciones, pero yo, como un ferviente defensor de la literatura y el fútbol como algo más que un deporte, creo que merece la pena hacer uso de las palabras para abrir la puerta trasera del fútbol que tanta gente desconoce: el Fútbol B.

El principio del fútbol

El camino del futbolista profesional no empieza cuando firma su primer contrato remunerado, empieza mucho antes. En los inicios, ser futbolista profesional es más que un objetivo, es un sueño. Uno puede imaginar lo difícil que es llegar a la élite, pero lo que no puede adivinar es el camino que le espera por delante. Hay tantas variables que es imposible trazar un plan y cumplirlo sin contratiempos o avances inesperados. Los niños fantasean con jugar en primera división, con participar en mundiales, copas de Europa…, pero también fantasean con ser médico, bombero, policía o astronauta. La diferencia es que desde niño puedes ser futbolista; en cambio, solo puedes disfrazarte de bombero, policía, médico o astronauta. Es imposible que un niño haga chequeos reales a enfermos, o que tenga una pistola auténtica de forma legal, o que sus padres le permitan ir al monte a apagar un fuego. Sin embargo, si puede jugar con un balón de verdad, usar botas auténticas y tener un público entregado (los padres). Puede meter goles reales y celebrarlo con los compañeros sin tener que fingir que es lo más importante del mundo para ellos, porque lo es; un niño puede tener lesiones y retirarse llorando del terreno de juego sintiendo impotencia por no poder seguir ayudando a sus compañeros. La tristeza que siente el niño al perder un partido es real. Poder vivir la realidad de ser futbolista a tan temprana edad es uno de los condimentos básicos que alimenta la perseverancia entre los infantes que sueñan con serlo algún día. Un jugador alevín experimenta la realidad aumentada al pisar un terreno de juego. La ventaja de soñar con ser futbolista es que no tienes que hacer una selectividad ni cursar una carrera para ser profesional, llevas preparándote desde niño para ello. Aunque sí que te examinas jugando un partido semanal. Estás en la carrera desde el primer día que golpeas un balón. Luego las circunstancias, el trabajo y el talento determinarán quién es expulsado de la carrera. También es cierto que el camino es tan largo que muchos no creen que la perseverancia, el esfuerzo y el sacrificio del tiempo que puede ser dedicado a otras actividades, lleguen a ser recompensados algún día; hay muy pocas plazas para tantos candidatos. Un joven que sueña con ser policía o médico depende mayormente de sí mismo porque la evaluación es objetiva en base a unos resultados. No son profesiones nada sencillas, pero sí que tienen mayores probabilidades de recompensa además de una estabilidad que puede dar vértigo a una mente inquieta.

Un fulano de tal al que nunca se le haya pasado por la cabeza ser policía, invirtiendo entre dos y cinco años, probablemente se convierta en profesional. En cambio, no hay evidencia ni casos en el que un joven que nunca jugó a fútbol federado hasta los veinte años haya llegado a la élite. No es posible adquirir las cualidades técnicas y físicas que requiere el futbolista en un periodo inferior a seis años. Pero no vale empezar con veinte para ser profesional con veintiséis. Eso no ocurre ni en las mejores películas de Hollywood. Alguien que empieza con veinte años lleva una desventaja de unos doce años –como mínimo– respecto a otros jugadores incluso con menos aptitudes físicas. Empezar con catorce años ya es una edad límite para alguien que sueña con ser futbolista profesional. En el mundo del fútbol tienes que quemar unas etapas antes de dar el salto al profesionalismo. Cuando un equipo invierte dinero en un jugador quiere saber dónde ha jugado antes y cómo lo ha hecho. Un jugador que llega sin currículum es ignorado. Ese vacío crea dudas en los responsables de fichar. Son las mismas expectativas que tiene un candidato a un puesto cuando ha superado los treinta años, pero tiene un currículum raquítico. Si no ha trabajado nunca en el sector prefieren buscar a otro con experiencia en ese campo. Aunque es más fácil falsear un currículum laboral que uno futbolístico. La mayoría de fichajes están respaldados por referencias de terceros (no siempre fiables). Cuando no existen referencias ni currículum creíble existe la opción de la prueba. No es la mejor opción, pero cuando no se tiene nada que perder es muy válida. Por norma general, el tanto por ciento de futbolistas que consiguen contrato mediante una prueba es bastante bajo. Aunque depende mucho del país en cuestión. Va con la cultura. Por ejemplo, en el Reino Unido se tienen más posibilidades de fichar por un equipo a través de una prueba que en España. En España está muy arraigado eso de "mejor malo conocido que bueno por conocer".

Jugadores profesionales hay muchos, pero son muy pocos aquellos que llegan a primera división. Se podría decir que para ser millonario es más efectivo jugar la lotería que intentar llegar a primera división. Como ya he dicho antes, es una cuestión de perseverancia y la unión de una   serie de factores que pueden jugar a favor o en contra del futbolista durante toda su carrera. Factores externos y personales, todos suman y restan, como explicaré en las siguientes páginas que forman este libro. La habilidad de cada cual para adaptarse es fundamental para llegar al destino, o para abandonar el camino en condiciones de empezar una nueva vida alejada de los terrenos de juego.

Cuando los jugadores de primera se retiran se transforman en páginas que nunca volverán a ser releídas con la misma pasión de antaño a no ser que haya hazañas deportivas dignas de ser recordadas; pero son pocos los que tienen la fortuna de sentir el frío de una copa al besarla después de haber soñado con ella. A la mayoría de jugadores solo nos queda decir que hemos jugado a fútbol a nivel profesional. Nos perdemos diciendo que hemos jugado con otros que sí han llegado. Las nuevas generaciones tiran los cromos de jugadores que se han retirado un año antes. En el mundo del fútbol se cumple con rigurosidad el dicho "a rey muerto, rey puesto". Los verdaderos ídolos son aquellos jugadores que se admiran cuando se tienen quince años, todos lo que vengan después no alcanzan ese estatus a no ser que hablemos de auténticos fuera de series atemporales. Es difícil tener como ídolo a un chaval más joven que tú. No es lo mismo idolatrar que admirar. Los aficionados cambian de ídolos como los *fanboys* de Apple de IPhone. Es un relevo continuo: a rey muerto, rey puesto. Un jugador no necesita retirarse para desaparecer de la primera línea para siempre. El simple hecho de bajar de categoría con un equipo cambia el estatus del futbolista. Es como si cayeran en un agujero negro llamado medianía. Al final los cracks se cuentan con los dedos de dos manos en cada campeonato. Todo lo demás son actores de reparto o secundarios -como se dice en español. En inglés se dice "Best actor in a supporting role" lo que viene a ser "mejor actor de apoyo".

Tener una ficha en primera división es poseer una valiosa franquicia. Los jugadores pasan de un equipo a otro como si hubiesen obtenido una licencia que les permite circular por los equipos de primera. Una vez se desciende de categoría es complicado convencer a un club para obtener una licencia que te permita seguir en primera. La alta competición es más exigente de lo que se puede llegar a imaginar cualquiera que no esté dentro de la olla del fútbol. Es una orgía caníbal entre compañeros que dura lo que dura el partido. Un compañero decía que veía a los rivales como "hijos de puta que me quieren quitar el pan". Es una definición bastante acertada para afrontar los partidos a vida o muerte. Se mueve tanto dinero que el espectáculo es lo de menos. Incluso se penaliza el talento por la ineficacia que lo viste en muchas ocasiones. Que los profesionales critiquen los excesos de florituras es comprensible, pero que también lo hagan los aficionados me parece pobre. Un cuadro no se debe medir por el precio sino por lo que transmite a quien lo contempla. En el fútbol, los puntos, los títulos y el orgullo hacen que la belleza sea un valor secundario.

Aunque brillen como velas y no como estrellas (algunas estrellas fugaces hay entre ellos), el grupo más grande de futbolistas profesionales (con sueldo) se encuentra en las categorías inferiores del fútbol nacional. Me refiero a segunda A, segunda B y tercera división. Hay otras categorías más bajas en las que también se paga a los jugadores, pero me centro en las principales. Algunos no llegaron a la élite por pequeños detalles, otros porque no tenían el talento, otros porque no aguantaron arriba y otros porque para ellos ya es todo un premio disfrutar de esas categorías. El éxito y el fracaso atienden a una cuestión de perspectiva.

La experiencia es una constante en la carrera del futbolista, pero no todos los jugadores son capaces de sacar partido a lo vivido. La nostalgia es una cicatriz que se cuida como un tatuaje recién hecho. La tensión continua convive con el futbolista durante toda su carrera. En muchas ocasiones, la tensión (y la presión) impide pensar con claridad, lo cual dificulta decidir cuáles son las mejores opciones dentro y fuera del campo. Cuando el futbolista se retira, siempre le queda la duda de saber hasta dónde podría haber llegado si hubiese sabido la mitad de lo que sabe en los últimos años de su carrera. He aquí una de mis críticas a los futbolistas profesionales: una vez retirados no se molestan en explicar y aconsejar a los jóvenes. El futbolista retirado es un joven abuelo con un sinfín de anécdotas que contar y ocupa la clásica figura del contador de anécdotas de la mili que aburren hasta a las ovejas. Yo mismo me aburro contando mis historietas, pero queda muy feo negarme a hacerlo cuando me lo piden. En realidad, muchas salen a la luz si el contexto lo requiere (al final va a resultar que me gusta).

En la carrera de todo jugador, sea de la categoría que sea, siempre hay algo que se podría haber hecho mejor fuera del terreno de juego, pero lo más común es aprender a medida que ocurren los acontecimientos. El fútbol no es como un examen que solo requiere estudiar los temas que van a entrar. En fútbol no sabes de qué te vas a examinar en el siguiente partido porque, por mucho que estudien los entrenadores, nada está programado. Un mismo problema o situación tiene muchas maneras de presentarse y de ser afrontado dentro del terreno de juego. En un examen universitario uno responde desde el conocimiento con tiempo suficiente para reflexionar. En cambio, en el fútbol el conocimiento tiene que aparecer como un acto reflejo. No hay tiempo para decidir si se la paso a este o a aquel, hay que rendirse a la intuición. Un jugador o un equipo fluyen cuando la intuición se posiciona como el sexto sentido. Cuando se dice como algo negativo que un jugador piensa demasiado nos referimos a que no tiene fluidez, a que duda. Por eso hay que coger con pinzas los consejos que se reciben, no hay chuleta que valga. El futbolista no es como el corredor que con la ayuda de un buen entrenador intuye en cuantas décimas puede rebajar su tiempo. En cambio, en el fútbol nadie puede saber cuántos balones por partido va a perder, recuperar, ni cuántos goles va a marcar durante la temporada, ni cuántos regates va a hacer. Ni siquiera la velocidad máxima que va a alcanzar en sus acciones (aunque no es tan importante la velocidad como las reacciones: el famoso segundo antes de Xavi Hernández al ejecutar sus acciones).

En cambio, sí que hay otros aspectos que pueden ser previstos. De eso va este libro. Pero que nadie espere un libro de autoayuda, sino de ayuda ilustrativa. Los jugadores profesionales también van a disfrutar de este libro porque *Before to be a star, everyone one was a rookie.*

Aprende a estar solo

Uno de los principales atractivos de formar parte de un equipo de fútbol es la calidez del vestuario. Con mayor o menor pasión todos aman al fútbol, además de perseguir un objetivo común que puede variar a lo largo de la temporada. No conozco muchas profesiones en las que las muestras de afecto formen parte del día a día. Sentirse parte de un grupo humano durante 10 meses es, hasta cierto punto, adictivo. Eso es lo que más echan de menos muchos jugadores al dar el salto al mundo convencional. Los lazos se estrechan porque durante la temporada se viven muchas situaciones límite que afectan a todo el grupo; las derrotas, las victorias, las ilusiones y los fiascos hacen que el equipo se convierta en un gran barco a remos, con la particularidad de que cada jugador es su propio capitán y se juega su propio cuello por el bien del equipo. No solo hago referencia a lo que ocurre durante la temporada en relación con la cantidad de emociones que se viven dentro de un equipo, durante un partido, los picos emocionales son similares a los gráficos de un terremoto. Solo el portero disfruta de un falso período de entreguerras que puede verse quebrado con un simple balón en largo a la espalda de la defensa. La calma -que no es más que el ojo del huracán- se transforma en una sobredosis de adrenalina que puede acabar en un suspiro o en blasfemia. El portero es parte del equipo como lo es el desactivador de bombas del cuerpo de policía: si se equivoca explota la bomba.

Aunque el fútbol es un deporte de equipo, la mentalidad de muchos jugadores es más propia de tenistas. La necesidad de pertenencia a un grupo queda en un segundo plano cuando la ambición individual coge peso en la balanza frente a lo colectivo.

Dicen que el fútbol es una prolongación descafeinada de la infancia. Aun teniendo en cuenta la necesidad de unos compañeros, el éxito de un equipo es la suma de los aciertos individuales de cada jugador. Los méritos recaen habitualmente en los dos últimos jugadores que participan en la consecución del gol (asistente y goleador) o en el portero, bueno, del portero solo se espera que no falle. Todos los demás son jugadores de apoyo, siendo este un rol que puede cambiar en cualquier momento. No hay mejor lugar que el fútbol para pasar de héroe a villano (y viceversa) en cuestión de minutos. Es sorprendente que la mayoría de futbolistas no se vuelvan locos ante estos cambios de estatus tan repentinos. Estoy seguro de que nadie hubiese apostado a que Sergi Roberto iba a ser el autor del sexto gol del Barça contra el Paris Saint Germain (6-1).

La misión del entrenador es hacer sentir importante a cada uno de los jugadores de la plantilla con el objetivo de sacarles lo mejor de sí mismos, no hay que olvidar que son activos del club; jueguen o no, al club les cuestan dinero. Cuando todo va bien la convivencia es placentera porque los resultados quitan y dan razones a los que juegan y a los que no. El equipo disfruta y los aficionados asisten con actitud positiva al estadio. Pero en algo en lo que mucha gente no repara es que cuanto más lleno está el estadio, más solo se encuentra el jugador como persona porque más gente lo está evaluando. Eso es la presión, la opinión ajena. No es extraño que un jugador sienta un extraño vacío a pesar de ser querido por muchos aficionados. Ese vacío es la responsabilidad que erróneamente cargan muchos jugadores asumiendo que de ellos depende la felicidad real de los aficionados. De ellos solo depende el entretenimiento.

El temor de algunos futbolistas es que de manera inconsciente saben que, si en un momento dado no rinden, ese afecto se puede transformar en dedos que apuntan o en algo peor: odio o indiferencia. Es un afecto superficial temporal relacionado más con lo profesional que con lo personal. Ni el público sabe realmente cómo es el jugador, ni el jugador conoce en la intimidad a los aficionados, evidentemente.

Según mi experiencia, el futbolista joven necesita una pareja estable que quiera ser algo más que una espectadora privilegiada. Es necesario estar junto a alguien que tenga más afecto a la persona que al personaje. Es importante tener la suerte de encontrar a alguien porque la montaña rusa de sentimientos que conlleva la profesión no es aconsejable pasarla en soledad sin un trabajo interior constante. Repito: hay que tener la fortuna de encontrar a alguien con quien compartir la maravillosa profesión de futbolista. Tampoco hay que obsesionarse con el asunto, pero es importante saber discriminar a la hora de tener pareja. Cuando se es un joven futbolista es una tarea complicada, porque la popularidad atrae (y aleja) a las personas de manera radical. Por una parte, para el jugador es una ventaja porque tiene acceso a conocer a personas que jamás le hubiesen hecho caso. Véase la cantidad de futbolistas emparejados con modelos. El hecho de pertenecer a un gremio con un estatus socioeconómico destacado facilita las cosas a la hora de entablar un primer contacto. Después es cuestión de conocerse. Ser deportista es un atractivo para el conjunto de la sociedad. A la hora de escoger pareja, si pudiésemos escoger a la carta, escogeríamos a personas físicamente sanas de antemano. El deportista profesional representa eso. Si dejamos de lado el estereotipo, no es cierto que los jugadores solo salgan con mujeres de portada de revista, lo que ocurre es que vende más la extravagancia que la normalidad. A la prensa no le interesa destacar que un jugador está casado con una mujer que nada tiene que ver con el tan afamado 90-60-90. Muchos matrimonios aparentemente sólidos durante la carrera se rompen cuando el jugador se retira. Este tipo de relaciones son la versión prematura de un matrimonio de jubilados que empieza a resquebrajarse cuando el hombre se jubila. Llega un momento en el que la parte acompañante no puede seguir sacrificando su juventud por el sueño de su pareja. Un hombre que no está acostumbrado a compartir tareas se acaba convirtiendo en un lastre. Cuando es ella quien lo deja, normalmente no es porque ya no sea jugador, sino porque es insoportablemente pasivo. La diferencia es que al ser más jóvenes es menos doloroso separarse. En cambio, la prensa se esmera en vender la imagen del jugador como la de un derrochador (muchos los son) reforzando el estereotipo de futbolista mujeriego que tanto daño hace. El estereotipo provoca que muchos jugadores no se sientan futbolistas hasta emparejarse con una modelo o una chica de revista. Ahora también hay que cumplir con el requisito de tatuarse el brazo desde el hombro hasta la muñeca.

La dificultad para un futbolista es encontrar a una persona dispuesta a cambiar de destino continuamente teniendo en cuenta que no es fácil permanecer más de dos años en un mismo club. El constante cambio de una ciudad a otra no favorece la maduración lenta de las relaciones; las endurece, pero cuesta mucha incomprensión. El futbolista vive varios puntos más rápido que el resto de jóvenes de su edad, pero a su vez va retrasando la entrada real en la etapa adulta. Te lo digo yo que con diecinueve años estaba viviendo solo_en Southampton; con veinte, en Alicante; con veintiuno, otra vez en Southampton; con veintidós, en Vitoria, Escocia y Logroño, y con veintiséis volví a casa de mi madre. Eso es mucho tiempo en soledad para un postadolescente. Hemos visto una y otra vez como jugadores brasileños se traen a sus madres y amigos a vivir con ellos a Europa. Lo hacen porque saben que al llegar a casa no está demás tener a alguien que certifique con su presencia que la casa es un verdadero hogar. Los hay que bajan a comer al bar cada día como si de una segunda casa se tratase. Con apenas veinte años, cambiar de ciudad, y tanto tiempo libre por delante, es un desafío extremo a pesar de hacerlo en unas condiciones más favorables que otros jóvenes emigrantes sobrecualificados. Cuanto mayor es el sueldo del futbolista menor es la intimidad, y mayor es la desconfianza hacia todo aquel que se acerca sin ser recomendado por algún conocido. Muchos jugadores crean una red de amistades auxiliar entre los compañeros, pero eso es como decir que tu mejor amigo lo es solo porque de niños ibais juntos a la misma clase. Es lo opuesto a lo que me he encontrado en el mundo laboral; con los compañeros solo se comparten cenas de empresa y café. Ese es un hecho circunstancial, se considera amiga a una persona por la relación que existe entre ambos, no por la cantidad de tiempo que comparten en el trabajo. Pero con esto no quiero restar valor a la relación entre compañeros. Todo lo contrario. El compañerismo es una buena medicina contra la depresión. Pero una vez extinguida la relación como compañeros se verá si existe amistad cuando cada cual se vaya por su lado. Yo veía como mis compañeros quedaban entre ellos de forma regular. En cambio, a mí me costaba mucho tener una relación fluida sin el uniforme del club. Era como si fuese consciente de que lo nuestro era una relación de necesidad mutua. Necesitaba desconectar de ese ambiente paradójico en el que tienes que competir con el mismo que te vas a tomar unas cañas. Aun cayéndome muy bien, había algo que me impedía juntarme de manera regular con ellos. Tenía el convencimiento de que quedaban porque a más de uno se le hacía insoportable estar solo en casa. Incluso se les veía cómodos compartiendo piso. Les gustaba quedar para cenar muy a menudo. Huían de la soledad mientras yo disfrutaba de la mía para poder tratar de seguir siendo yo y no lo que los demás veían en mí: un futbolista con cierto talento. Creo. Cuando se vive solo se corre el riesgo de conocerse, y no todo el mundo está preparado para aguantarse a sí mismo. Mucho menos después de un mal partido. Recomiendo a los jóvenes que no se pongan nerviosos cuando estén solos, si lo hacen corren el riesgo de escoger compañías que no les convienen. Cuando se te acerca tanta gente conviene poner una barrera para evitar a los que quieren intimar a marchas forzadas.

En casi todos los clubes existe la figura del "amigo de los futbolistas". Este tipo se encarga de "facilitar" la estancia de los jugadores en la ciudad sin que nadie se lo haya pedido. No está en nómina del club, pero se pasea por allí como Pedro por su casa. Se esmera en ayudar a los futbolistas a buscar piso, bares, discotecas, ropa... incluso chicas. Siempre conocen a alguien que alquila un piso; tienen un amigo dueño de un restaurante; y traen ropa y relojes de marca más baratos. Todo a cambio de beneficiarse del prestigio que supone ser amigo de los jugadores. Depende de la personalidad del jugador a la hora de decidir si necesita a una persona que le asesore en asuntos que bien podría resolver él mismo. Pero cuando se es joven es más fácil caer en las garras de la adulación interesada. Son muchos los personajes pasajeros que pasan por la vida de un jugador. Creo que los aduladores son detestables. Todo lo que reluce no es amabilidad. Estos prueban suerte y se agarran a quien les dé bola. Te hacen_sentir como el crack del equipo, aunque no hayas disputado ni un solo minuto. Ellos te adoran porque eres futbolista, no porque seas buena persona. Para ellos es buena persona quien les da bola. Te regalan palmaditas y ríen tus chistes por muy malos que sean. Las palmaditas en la espalda son agradables hasta que te das cuenta de que hay personajes que te palmean tanto que llegas a sospechar que están buscando donde encajar la puñalada cuando ya no les sirvas. Una de las escenas curiosas es la de gente que tiene acceso a los vestuarios para explicar ideas de negocio. El concepto me parece genial: unos tienen las ideas y otros el capital. El asunto es ver cómo gente preparada explica proyectos ante la indiferencia de los jugadores que no tienen el mínimo interés por escuchar ideas de negocio que no andaban buscando. Son tantas las visitas que la desconexión es total. Todos sabemos que los jugadores tienen prisa cuando acaba el entreno. En cambio, el amigo de los futbolistas sabe dónde apretar. No conseguirá una inversión para un proyecto, pero no pagará en las discotecas.

Más intrigante es el caso de los futbolistas que se meten en relaciones serias con chicas que han salido con otros futbolistas. Puede que en muchos casos sea amor, pero seguiré siendo receloso de esa teoría. Hay que tener cuidado a la hora de escoger pareja. Insisto en este asunto: no vale la pena meter a alguien en tu casa por temor a estar solo. Es agradable llegar a casa y que haya alguien, pero no a cualquier precio porque puede haber sentimientos en juego. La adolescencia se manifiesta claramente en los jugadores que viven con amigos como universitarios, pero sin campus. Aunque parezca una exageración –fuera del fútbol– hay parejas que están juntas porque ambos huyen de la soledad sin más. De no ser pareja no serían ni amigos, dice Erich Fromm en 'El Arte de amar'.

En todos los equipos que he estado los futbolistas de fuera de la ciudad tenían el campamento base en el centro comercial. Yo mismo era un asiduo a la tienda de música y cine en dichos establecimientos. La mayoría de veces compraba porque necesitaba volver con algo entre las manos, y porque tenía dinero suficiente para saciar el hambre de caprichos terrenales. Cuando jugaba en el Southampton cada sábado me compraba alguna prenda de ropa en el centro comercial. ¿Cómo podía ser que siempre necesitara comprar algo? Con el tiempo me he dado cuenta de que lo hacía para llenar un hueco que no era el del armario precisamente. Tenía diecinueve años y pocos amigos en la ciudad. Si en esa época hubiese existido la tecnología de hoy en día, estoy seguro de que tendría todos los aparatitos habidos y por haber. Por aquel entonces me compré un móvil básico y un ordenador Sony. Llevaba un reloj al alcance de cualquier trabajador común y dejaba pasar meses antes de reparar un arañazo en el coche. Mi ambición material se limitaba a comprarme alguna prenda de vestir y música para neutralizar mi soledad.

Mi cumpleaños coincidió con mi última semana en Southampton como jugador. Tenía claro que iba a montar una gran fiesta. El problema era conseguir gente. No tenía más de catorce conocidos para venir a la fiesta, de los cuales solo tres eran amigos. Tampoco tenía al amigo de los futbolistas de mi lado. Pues le dije a mis pocos amigos que trajeran a quien quisieran, además en la discoteca le dije a aquellos que conocía de vista que podían venir con gente. La verdad es que la fiesta fue un éxito, unas cincuenta personas con Dj incluido. Había gente bebiendo y bailando, pero pocos preguntaban de quién era la fiesta. No me sentí estafado porque yo mismo les utilicé para dar ambiente a mi gran despedida de la ciudad que me convirtió en un hombre de veintidós años. A cambio ellos bebieron_y bailaron como locos. Incluso alguno salió con botellas bajo el brazo creyendo burlar a nuestro ebrio servicio de vigilancia.

Antes de llegar a montar fiestas de plástico, aprendí a ir sólo al cine. Esa costumbre me valió para no sentirme nunca más sólo conmigo mismo. El cine, la música y la literatura. Internet no era una herramienta tan natural como lo es ahora, pero poder escuchar la Cadena SER desde el portátil era media vida. La existencia de Skype, Facebook o Twitter es un alivio para los jugadores de hoy en día. Aunque los hay que utilizan las redes sociales como adolescentes aburridos en lugar de hacerlo como adultos responsables.

He caminado conmigo mismo por ciudades, pero me he reprimido a la hora de degustar un buen menú en solitario. Los solitarios están mal vistos en esta sociedad. Pues yo reivindico el placer de estar solo. Los jugadores, desde el año dos mil siete, tienen la suerte de vivir el fútbol en esta época de hiperconexión y superávit de información. Muchos jugadores en su día no llegaron más lejos porque en los momentos claves se sintieron demasiado solos como para alzar el vuelo cuando todo era oscuridad. En muchos casos han tirado más las ganas de volver a casa que las de quedarse y luchar; la paciencia y esperanza han sucumbido ante la apatía y el desánimo que pueden provocar una situación complicada como puede ser no cobrar durante meses. Con esto no quiero decir que rodearse de tecnología sea la solución, pero saber sacarle provecho puede ayudar a combatir la soledad y salir de la burbuja del fútbol a través de un aparato electrónico. Hay gente que compra perros para no sentirse solos, pero no es una opción que yo recomiende. Un futbolista necesita a sus compañeros, a su familia y a sus amigos; pero muchas veces no será posible, y debe ser lo suficiente fuerte como para no derrumbarse.

Aunque no lo parezca, la tranquilidad es un regalo que poca gente aprecia porque nos hemos acostumbrado a que el ruido llene espacios en nuestras vidas, pero por contra, silencia nuestra voz interior y nos hace vulnerables ante el sonido de nuestra propia respiración.

El mito de las concentraciones

La vida del futbolista tiene mucho de apasionante e intensa, pero entre la intensidad de los partidos y los entrenos se esconde una de las partes más mitificadas del fútbol: las concentraciones. Hay aficionados que imaginan que los jugadores se meten en hoteles a meditar hasta la hora del partido como estudiantes "okupando" bibliotecas en época de exámenes. De alguna manera es así como lo pintan los medios. Cuando dicen que los jugadores están concentrados, sin ninguna explicación adicional, suena a yoga. Bajan del autobús con los auriculares -cualquiera pensaría que están escuchando una lista de Spotify llamada "sounds of the sea"-, saludan vagamente a los aficionados que se amontonan a la puerta del hotel con la inservible intención de cazar autógrafos. Normalmente adolescentes, niñas, que igualmente pedirían autógrafos a cualquiera que salga en la tele.

Las concentraciones son uno de los pocos métodos efectivos para controlar el descanso de todos los jugadores durante las horas previas a un partido. No es habitual concentrar a los jugadores cuando juegan en casa porque tampoco se trata de secuestrarlos cada fin de semana. En cambio, cuando se juega fuera es inevitable concentrarse un día antes a pesar de que cada vez son más los equipos que viajan el mismo día, al menos en España las distancias son cortas. Lo habitual en categorías profesionales es viajar con un día de antelación a la ciudad o alrededores del lugar donde se va a disputar el partido. Cada quince días se repite la rutina. Para unos jugadores es más apetecible que para otros. Los que son padres disfrutan porque pueden descansar con una regularidad que con niños rondando la casa se hace imposible. Cuando se es padre, o siempre se está ocupado o se es un caradura. Los que no son padres son los que se pueden sentir más enjaulados porque se ven lo suficiente responsables para guardar reposo sin la supervisión de terceros. La mayoría de jugadores no tengo dudas de que descansan, pero siempre hay alguno al que se le cae el techo encima. Pagan justos por pecadores.

Si alguien no sabe qué se hace en las concentraciones se lo explico brevemente: descansar sin tener que mover un dedo. Hay mucho tiempo libre que muchos ocupan jugando con aparatos electrónicos como consolas, tabletas y móviles; otros ven películas; y otros leen. Ocio pasivo físicamente. Entre estas actividades hay alguna que otra charla táctica y algún paseo por los alrededores. Los horarios están bien marcados y el menú bien estudiado. Pasear es una buena opción, aunque en el caso de los jugadores de primera división veo complicado que puedan pasear sin sentirse intensamente observados e interrumpidos por los fans y los curiosos que quieren hacerse fotos; pero si nos referimos a jugadores de segunda A y segunda B, tienen el anonimato suficiente para respirar aire no futbolístico. El chándal del club les delata, pero no suelen ser acosados ni molestados, solo observados.

Con el paso del tiempo, para el jugador, las concentraciones se van haciendo cada vez más pesadas. No dejan de ser unas rutinas que se repiten toda la temporada, durante varias temporadas alterando el ocio del fin de semana de la familia desde que son niños. No es lo más duro del mundo, pero tampoco lo más original. Uno se puede comportar como un autómata en las concentraciones, llegando a olvidar que es un privilegio tener la posibilidad de visitar distintas ciudades cada quince días. Muchos son los jugadores que no aprovechan el par de horas libres y prefieren dormir un ratito más después de desayunar. En estas líneas quiero concienciar a los jugadores para que disfruten de las ciudades que visitan, aunque sea por un periodo de tiempo tan limitado. Un par de horas pueden ser suficientes para visitar una plaza, un museo, o una cafetería. Muchos entrenadores al leer estas líneas deben estar pensando que estoy incitando a los jugadores a ir de turismo por las ciudades. Para nada. Lo que estoy recomendando es que aprovechen y vean mundo a la vez que comparten momentos de calidad sana con otros compañeros.

Sentarse en una cafetería es una buena terapia para hacer de las concentraciones momentos mágicos. Los futbolistas son gente con demasiada vitalidad como para permanecer encerrados en un hotel como un toro antes de saltar al ruedo. Una vez que se deja el fútbol es complicado visitar tantos lugares en tan poco tiempo. Es todo un privilegio. Si el jugador disfruta de la concentración tiene más números para rendir a buen nivel. Todo influye en el rendimiento del deportista, y el estado de ánimo tiene mucho peso en el rendimiento.

Los futbolistas viven de su esfuerzo físico, no pueden permitirse el lujo de malgastar fuerzas dando grandes caminatas. Al menos en mi caso, cuando era futbolista me costaba mucho ir andando a los sitios porque me cansaba. En cambio, correr era como respirar. Por norma general, el futbolista no tiene la costumbre ni de andar ni de coger el transporte público. No creo necesario recalcar que no todos los jugadores son tan conocidos como para evitar subirse en el metro o el autobús tranquilamente. Un jugador cambia de ciudad muchas veces durante su carrera, pero a la hora de la verdad no acaba conociendo el lugar en el que vive. Puede que algunos restaurantes, el centro comercial y las discotecas. Poco más. Una persona que va a pasar un año en una ciudad debería molestarse en conocer algo del lugar que adopta como hogar. Yo he vivido en mis carnes lo que estoy comentando. Yo solo visitaba los sitios emblemáticos_de la ciudad cuando tenía visitas. Si no fuese por las visitas sería fácil trazarse unas rutinas casi inamovibles. De casa al entreno. Del entreno al supermercado. De casa al centro comercial. Y poco más. Una manera de estrechar vínculos con la ciudad es viviendo como un ciudadano más. Pasear por sus calles une al futbolista con el entorno de manera natural y sana. Leí en una entrevista a Rakitic (jugador FC Barcelona) que el club le recomendó que no visitase lugares turísticos. Y después de más de dos años no había pisado Las Ramblas. Decía que era asiduo a los centros comerciales porque hay actividades para niños. Aún me cuesta entender cómo una persona libre puede dejar de hacer cosas comunes que afectan a su vida personal porque se lo recomiendan sus jefes. Encima orgulloso.

Conocer dónde vives es una cuestión de respeto hacia la cultura local. Cada una de las ciudades en la que uno vive se convierte en una pequeña conquista que queda en el corazón. Todas las ciudades tienen su encanto, pero el jugador le da tanta importancia a su profesión que olvida disfrutar los lugares que visita. Es difícil, pero el personaje no debe actuar como armadura de la persona.

El futuro es Dios

Una de las características de esta época es la falta de conciencia para vivir el presente. Especialmente cuando se es joven. Se habla de la juventud como una virtud, cuando es una etapa de la vida por la que todos pasamos. En cambio, a la vejez no llega todo el mundo, pero los ancianos son apartados de la sociedad sin tener en cuenta la sabiduría que pueden transmitir sin ser conscientes de ello. Para enseñar no hace falta ser maestro, sino contarlo. Después cada cual extraerá lo que le sea útil.

Cada vez es más difícil concentrarse en las tareas que realizamos. La tecnología está tan presente en nuestro día a día que las máquinas nos pasan por encima sin apenas darnos cuenta. Uno de los propósitos de la tecnología es facilitar la vida de los humanos, pero estamos entregando nuestras vidas a las máquinas dando por hecho que cuanto menos tengamos que hacer más tiempo tendremos...

¿Tiempo para qué? ¿Para sentarnos a ver la tele? Ahora los humanos intentamos imitar a las máquinas y queremos hacer de la multitarea la norma. No es extraño que mientras nos estamos cepillando los dientes no estemos pensando en los dientes sino en lo que tenemos que hacer después. No es diferente cuando comemos; más que centrarnos en los alimentos, lo hacemos en alguna pantalla o pensamiento respecto a algo que aún no ha pasado. Hay una corriente en la psicología de la autoayuda y el emprendimiento que anima a enfocar al futuro dejando en un segundo y pestilente plano al presente. No estamos. Ni tan siquiera estamos para los otros comensales. La gente ya no habla. Unos dicen lo que han oído en un canal mientras otros contradicen con lo que han escuchado en la radio. No hablamos, reproducimos lo que otros han dicho. No decimos lo que pensamos porque creemos que a nadie le importa. Porque pensar hoy en día es *comerse la olla*. Como decía Jose Luis Sampedro: "No hemos aprendido a vivir". No hemos entendido que la tecnología está para ayudarnos y no para distraernos de lo esencial de la vida, que es vivirla. Pagamos un dineral para viajar a países exóticos con hoteles que son mini ciudades cerradas, con pulserita de "todo incluido" que nos permite ponernos como cerdos.

Eso no puede ser vivir, pero es lo que vende: la evasión. El futbolista es todo lo contrario, vive esclavizado a los vaivenes del presente inmediato. La exigencia competitiva es tal que pensar en el futuro es arriesgarse a perder unos gramos de competitividad que pueden ser necesarios en el presente. El futuro lejano para un futbolista joven es como mirar al horizonte de noche. Lo importante es estar bien para el próximo partido, para la siguiente sesión de entrenamiento. La juventud es sinónimo de eternidad hasta que se llega a los treinta. En este punto es cuando uno se empieza a dar cuenta que quizá siempre no será joven. Es cuando se empieza a sentir el frescor de la brisa de la mortalidad. En general, el futbolista es ambicioso y trabaja para ser mejor jugador cada día. Pero llega un momento en el que el físico se deteriora por muy bien que uno se haya cuidado. Es entonces cuando, con más frecuencia de la habitual, se toma conciencia de la proximidad de la fecha de caducidad "esto algún día se va a acabar y me he de buscar las castañas". La mayoría de jugadores alcanzan su nivel máximo con veintiséis o veintisiete años (¡estamos hablando de una edad muy joven!) que es cuando el jugador encuentra la plenitud física y psicológica si no ha sufrido grandes contratiempos. Llegada la madurez física el objetivo es mantener el nivel y aplicar la experiencia. Todo lo que viene después de los treinta es la caída. Cuidarse a conciencia es una forma de retrasar la desaceleración profesional. Sabiendo de antemano que la carrera es muy corta, si la comparamos con otras profesiones más comunes, alguien debería recordárselo continuamente a los jugadores. Los clubes ganarían mucho si hicieran un par de charlas anuales de "orientación laboral" como las que hace la AFE (Asociación Futbolistas Españoles). Puede parecer algo absurdo porque los que mandan en los clubes temen que los jugadores se distraigan con asuntos serios. En cambio, sí que dejan entrar al vestuario a gente que vende artículos de lujo a precio de ganga. Ofrecer orientación laboral debería ser obligado para los clubes profesionales. El aprendizaje que se extrae del fútbol profesional es una gran fuente de recursos muy valiosos para la vida. El problema es que, para aplicarlos, en muchos casos, es necesaria orientación profesional continua. Una empresa debería aspirar a tener a los mejores trabajadores en todos los aspectos posibles. El profesional mismo se haría un buen favor si de vez en cuando, antes de dormir, se dedicara unos minutos a pensar en su futuro; por una vez el presente puede esperar, de hecho, siempre está presente. No es difícil. A muchas personas les cuesta pensar en el futuro porque se aceleran tanto que acaban centrando sus pensamientos en la muerte. Eso a mucha gente le incomoda. Ven la muerte como un universo donde ellos no son ni la más pequeña de las estrellas. Pues tener presente a la muerte es una de las formas más prácticas de valorar la vida. La muerte es el antídoto perfecto para restar importancia a los problemas, "hay vida antes de la muerte" dice Eduardo Punset.

La exigencia semanal de la competición es un foco muy cortoplacista que es útil para afrontar una competición, pero no una vida. Bueno, en cierto modo sí, pero la vida es como el fútbol: a veces hay que tocar en corto y a veces en largo. Lo que no puede ser es que nos pasemos la vida pensando en corto. Hay asuntos que requieren ser planificados con mucho tiempo de antelación. Puede que cuando llegue el momento nada sea como se ha imaginado, pero es conveniente que con veintidós años un jugador vaya recordando que la carrera futbolística no es para siempre. El famoso "partido a partido" de los entrenadores cala en el inconsciente de los futbolistas, que omiten cualquier esfuerzo para mirar más allá del reto inmediato. El futuro parece lejano, pero sin darnos cuenta se transforma en presente como el río se convierte en mar al llegar a la desembocadura. No está de más imaginarse sin unas botas de fútbol. Por mucho que uno se esfuerce, acabará bailando al compás de la música del destino. Nos adaptamos. Pero en cambio, si uno se prepara para bailar más estilos de música tendrá una vida más placentera ¿Quieres ser un jubilado de 35 años? La experiencia deportiva tiene muchos aspectos positivos que pueden ser útiles para desenvolverse en la sociedad con garantías de éxito. El fútbol es lo que vives, pero sobre todo lo que aprendes. Para un deportista es común ganar o perder, pero no en todos los empleos se gana o se pierde semanalmente. No tan claramente. La competición es una *masterclass* de cómo gestionar las dos caras de la moneda sin volverse loco. Cuando se está en activo se tiende a magnificar la victoria y la derrota, pero con un poco de pausa se puede aprender de ambos polos. Se destaca a menudo que el futbolista aprende a competir, es cierto; pero lo que realmente aprende es a levantarse una y otra vez sabiendo que volverá a caer y se tendrá que levantar porque desde el suelo no es útil para el equipo (su familia).

De nada sirve invertir el primer tercio de una vida en una profesión si cuando se abandona no se es capaz de exportar las lecciones que se aprenden a otros campos. Aunque no es tan fácil; cuando uno aprende una lección de vida no le aparece de repente un duende diciéndole: "apunta esto, es una lección de vida". Las lecciones son continuas, lo único que hay que hacer es estar atento y absorber las enseñanzas extraídas. Puede que en el momento no se aprecien, pero con el tiempo, al verlas desde otro punto de vista más alejado uno pueda apreciar detalles y datos que expliquen el porqué de muchas situaciones —positivas y negativas— que en su momento carecen de importancia. Pero de repente —para las personas atentas— un día se crea un puente que une dos escenas, dos momentos aparentemente inconexos para dar con la clave a una duda o problema. Soy muy partidario de tener una caja de herramientas en la que introducir todas las experiencias de vida ya que nunca se sabe cuándo se van a utilizar. Sin embargo, permíteme que me vuelva a contradecir para decir que lo más importante es el presente, porque es aquí donde se plantan las semillas del futuro. Presente y futuro son indivisibles el uno del otro, y tratarlos por separado es un error. Nadie sabe nada de su futuro, en cambio, en el presente nos aburrimos porque a veces parece que pasa muy rápido (en las vacaciones), mientras que otras veces pasa muy lento (en el trabajo). Es curiosa la percepción del tiempo según el momento. Al equipo que va ganando le parece una eternidad dos minutos de tiempo añadido. En cambio, al equipo que pierde de un gol, cinco minutos le parecen un suspiro. La carrera de un futbolista es un suspiro si lo comparamos con lo que viene después. Aun así, no deja de ser un período muy importante que marca el destino del futbolista como persona, pero conviene tener la capacidad suficiente de creer que lo mejor está por llegar. ¿Cómo es posible que lo mejor esté por llegar si nunca volveremos a ser igual de jóvenes?, se preguntarán muchos. Porque lo que ha pasado también es parte de uno mismo. Dejar de ser futbolista no quiere decir que se haya perdido una parte de la vida, para nada. Significa que se pasa a otra fase en la que no será tan importante la habilidad con el balón en los pies. Solo eso. Me hace gracia cuando una pareja rompe y una de las partes dice que ha malgastado un tiempo de su vida. ¿Acaso tenía algo mejor que hacer que equivocarse en un amor que pensaba eterno? Posiblemente sin esa relación no le sería posible valorar otra posterior. Todo suma. Decían que en el futuro los coches volarían. Lo decían hace tiempo. En el pasado. El futuro, ¡ay, el futuro! Tan incierto, tan lejano, tan cercano y seguimos chupando atascos. Solo el pasado es cierto, y algunas partes nos la inventamos para tapar espacios temporales a los que no llegamos de forma voluntaria. La suma de presentes es el futuro, algo que no es palpable, es la utopía lo que nos hace caminar. De alguna manera tenemos que llamar a lo que desconocemos. Unos lo llaman Dios, y otros, el futuro.

Cuando niño, cuando hombre

No sé si alguna vez ha sido noticia ver las plazas sin niños jugando al fútbol. No recuerdo el momento en el que nos obsesionamos con prohibir jugar a pelota. A medida que se vetaba jugar a pelota se ponían más bancos en las plazas para que los abuelos observen pasar los días en el mismo banco de siempre. Los que crecieron montando un campo de fútbol en cualquier callejón, con dos mochilas para hacer las porterías, han construido una ciudad en la que los niños casi no pueden salir a jugar solos no vaya a ser que un coche les dé un susto. Los mismos padres que critican a sus hijos por el exceso uso del móvil, son los mismos que les dan un "IPhone viejo" a los diez años para tenerlos localizados en cada instante. ¿Qué necesidad tiene un padre de saber dónde está su hijo en cada instante? Los nacidos antes del año noventa y cuatro, nos hemos manejado muy bien sin ese control. Estamos criando a nuestros hijos sin confiar en ellos como lo hicieron en nosotros.

El ser humano cuando se hace adulto olvida que antes fue niño. Me parece incoherente y antinatural que esté normalizado hablar desde la distancia cuando nos referimos a los niños. Se habla de ellos como si de un perro se tratase. Se habla desde una distancia que acaba complicando el entendimiento del comportamiento y actitudes del niño. Vemos en los medios de comunicación que dicen cosas como: "Los niños dejan de aprender a los tres años". Es como decir "los perros dejan de aprender a los tres años". Lo correcto debiera ser: "Los humanos dejamos de aprender a los 3 años". No hace falta leer 'El Principito' para saber que todos hemos sido niños alguna vez, sin excepción. Pero conviene recordarlo a menudo para reforzar la empatía hacia los más pequeños. Los niños nos hemos peleado con algunos alimentos desde siempre, hemos desobedecido porque la niñez es pasar el tiempo obedeciendo, entre otras cosas. Vamos al cole que dicen nuestros padres, comemos lo que cocina nuestra madre, nos ponemos la ropa que nos dicen nuestros padres, etc. Para que luego vengan algunos padres y digan que "este niño no me hace caso". Lo que no podemos esperar es que los niños se comporten como si fueran muebles. Hay comportamientos y actitudes que son características de la edad. Luchar contra eso es luchar contra la naturaleza. La función del adulto es poner límites al niño para que no caiga en ningún precipicio, pero sin desesperarse, la infancia dura unos años. Hablar de los niños sin tener en cuenta que ellos somos nosotros mismos unos años antes es falta de empatía. Les hemos cortado las alas. Me irritan esos padres que presumen de tener hijos tan obedientes que parecen estatuas. Yo me preocuparía.

En el mundo del fútbol podemos ver en los torneos televisados como niños interpretan el papel de adultos. A la gente le hacen gracia sus andares, sus movimientos dentro del campo, la postura corporal, las caras de concentración, cómo hablan ante micrófonos más grandes que sus cabezas. Ahora lo principal es ganar, ganar y ganar. Los niños se van amoldando al papel de niños futbolistas de manera paulatina. Poco a poco van aprendiendo a encontrar qué personaje necesitan dentro y fuera del campo. No es el mismo niño cuando juega un partido que cuando está en el colegio o en casa. Si está en un equipo de nivel, adquieren una disciplina más propia del ejército que de la escuela. Cuando entran en cadetes se les empieza a exigir y tratar como hombres. Eso es bueno, pero la infancia y la adolescencia son tragadas por el sueño de ser futbolista. Mientras que el entrenador los trata como hombres, el profesor les trata como niños. Evidentemente se sienten más importantes si les tratan como hombres. Lo que nadie les dice con la rotundidad necesaria es que todavía son niños. La niñez al final solo son recuerdos. Es la etapa más corta de nuestras vidas. La inocencia es solo una hoja en blanco. Luego la vida nos obliga a ser recelosos, cautos, desconfiados, envidiosos. Para eso no hace falta mucho trabajo. En cambio, para contrarrestar esas cualidades deberemos trabajar la empatía, la asertividad, la amabilidad, la generosidad, la resiliencia... Un equipo de fútbol es buen lugar para poder desarrollar estos valores.

La adolescencia del jugador es una batalla de batallas porque se está rompiendo el hombro con otros compañeros por conseguir un puesto. Es la ley del más fuerte, todos no pueden llegar. El carácter del jugador se torna hacia géminis. Por un lado, se impregna del espíritu colectivo, por otro los objetivos individuales generan un conflicto de intereses. Competir contra tus propios compañeros es lo contrario a la infancia. Se promueve la competencia desde el club para sacar lo mejor de cada jugador. Los que no aguantan el ritmo se van quedando por el camino. Y con esto no digo que aguanten los más fuertes, sino aquellos que se van amoldando a las diversas situaciones que se viven en un equipo de fútbol. En un equipo juvenil de nivel ya se entra hombre, o se hace en poco tiempo, si no se quiere ser devorado por la competitividad extrema que requiere la incierta carrera hacia la primera división.

Futbolista y representante deben ser socios

El futbolista tiende a ser maduro cuando es adolescente pero cuando tiene treinta años se comporta como un chico de veinte. Uno de los actores principales en la infantilización del jugador es el representante. La estructura del fútbol está montada de tal manera que es imposible llegar a la élite sin tener un representante o agente. Para que se me entienda mejor: los representantes son como los peajes de las autopistas catalanas. Como alternativa tienes la posibilidad de combinar caminos de tierra y la carretera nacional. Es una ruta más lenta, menos segura y más larga. La carrera del futbolista tiene una fecha de caducidad y perder tiempo se paga. Pocos jugadores se pueden permitir perder una temporada en el lugar equivocado, que es lo que ocurre en multitud de ocasiones. Es parte del fútbol. Razón de más que hace que las autopistas sean mucho más atractivas que las carreteras nacionales. Los representantes lo saben y los clubes se asocian con ellos para tenerlo todo controlado.

Los representantes, que los hay a patadas, casi tantos como jugadores, tienen la llave maestra para fichar por un club. No hay representantes buenos ni malos, solo representantes con contactos y sin contactos. En esta trama entran entrenadores, secretarios técnicos, periodistas, directivos y presidentes. Todos pillan su trozo del pastel, que es el futbolista. Hay entrenadores, muchos, que se llevan una comisión por fichar jugadores. El futbolista es la excusa para repartirse un pastel que no han cocinado. No es extraño que un representante rompa negociaciones con un club por no llevarse la comisión que cree merecer. Pero eso no se le cuenta al jugador. Le dicen que esté tranquilo, que solo se debe preocupar de jugar. Como si se pasasen ocho horas jugando y no tuviesen tiempo para más. Apartando al jugador de las negociaciones consiguen que éste se crea un inútil en temas relacionados con sus contratos. Vemos a autónomos haciendo mil gestiones con proveedores, clientes y ayuntamientos, pero al futbolista se le dice que solo se preocupe de jugar. Pues nos lo tragamos desde el primer día porque en el fútbol hay muchas cosas que se hacen de una manera determinada y nadie pregunta el porqué. Se le otorga la exclusividad al representante como si este trabajase para un solo jugador. Lo gracioso es que tienen la exclusividad de varios jugadores simultáneamente. Evidentemente que tienen un orden de preferencia a la hora de colocar a un jugador o a otro, y supongo que debe ser más importante el jugador que más comisión aporte.

El representante no enseña a sus jugadores cómo funciona su trabajo para que no prescindan de él. Mientras la fruta tenga zumo exprimen hasta la última gota. Cuando ya no quedan apenas gotas es cuando dejan que el jugador vaya por libre dando tumbos por caminos de tierra que cruzan pueblos más típicos del Lejano Oeste que de la costa catalana. Sabiendo esto, cuando los jugadores dicen que son mercancía no se equivocan; el problema es que no aciertan en señalar quién les trata como mercancía. La gran mayoría señala únicamente al club, pero la realidad demuestra que los representantes y los clubes van de la mano. No dejan de ser meros comerciales. A diferencia de un comercial de productos de peluquería que vende productos para el pelo, el agente futbolístico, con mayor o menor ética, vende el talento de su representado. Aunque el futbolista muchas veces se siente obligado a ponerse un lazo y venderse al mejor postor. La relación se torna impura cuando el agente utiliza a su representado como una bolsa reutilizable de plástico. Es fácil colocar en un equipo a un jugador que está en un buen momento, pero la verdadera función del representante es evitar que uno de sus jugadores acabe sin equipo o juegue en un club desastroso con el único objetivo de llevarse una comisión.

La relación entre representante y jugador es tan desigual como la del banquero y el cliente, el cura y el confesor, el psicólogo y el paciente, etc. Uno pone toda la información sobre la mesa mientras que el otro no muestra nada, y aun así se supone que el agente le hace el favor al jugador. Si nos paramos a pensar podemos llegar a una sencilla conclusión: si el jugador no tiene representante puede seguir jugando; sin embargo, si el representante no tiene jugador no es nadie. Pero no le quiero quitar valor a la profesión de representante. Muchos consiguen auténticos milagros colocando jugadores que son un cuatro cobrando como si fuesen un siete. Ambas partes se necesitan, pero se deben igualar las fuerzas porque la información es poder. Desde mi punto de vista, un jugador debe saber cuánto gana el representante en la operación. La transparencia refuerza la confianza entre ambas partes. La gran mayoría de jugadores no se fía de sus representantes, pero los necesitan.

Recomiendo a los jugadores que pregunten a sus representantes cuánto se quieren llevar y, después, cuánto han conseguido. Porque luego se da el caso en que el representante cobra por parte del jugador y del club. En estos casos los perjudicados son los jugadores. El hecho de llevar desde la juventud con un representante no lo convierte en padre del jugador; la relación debería mantenerse lo más profesional posible. El hecho de realizar transacciones con dinero los convierte en socios. Que se acepte sin más que el jugador no esté presente en las negociaciones me parece un error forzado del que nadie se hace responsable. De las mil excusas que he escuchado, ninguna me ha convencido.

Especialmente desde que conozco cómo funciona el mundo laboral donde el trabajador se representa a sí mismo, y cuando hay problemas acude al sindicato y la ley.

Acosar al representante es fundamental. Un futbolista profesional no es un crío que deba ser protegido de sus derechos como trabajador. Conociendo esto el jugador debe hacer lo posible por no ser infantilizado en beneficio de intereses de terceros. Eso de solo dedicarse a jugar es como ser una vaca que solo se dedica a dar leche y a pastar por la pradera. No es necesario ser un vago mental. En cambio, los jugadores de clase B han de tomar las riendas de sus asuntos porque cuando dejen el fútbol nadie se va a ocupar de firmar en el paro por ellos.

El egoísmo involuntario del futbolista asalariado

Desde fuera de la burbuja se ve el mundo con una perspectiva más objetiva. Quitarse las lentes de futbolista es como bajar de la oficina de contabilidad y ponerse en la cadena de montaje junto a los empleados; es un baño de realidad que recomiendo a todo profesional. Cuando uno se aleja del personaje puede llegar a ver una realidad menos dramática que su propia vida. En eso son especialistas los psicólogos, son especialistas en ver los dramas ajenos como un documental de La 2 sin dormirse. En caliente todo quema. Mientras los "bichos" de Gran Hermano dicen que todo se sobredimensiona cuando se está dentro de la casa, yo creo que cuando se es futbolista solo se engrandece el YO. A pesar de ser el fútbol un deporte de equipo, el YO ocupa un lugar muy por delante del NOSOTROS a nivel global.

A todo el mundo le hace ilusión que un hijo, hermano, marido, sobrino o primo tenga éxito en la vida, pero si es futbolista se convierte en un fenómeno social. De algún modo es un orgullo temporal para la familia, después se puede convertir en una carga si durante la transición de futbolista a civil hay demasiada confusión. Si eres valorado únicamente por tu calidad como deportista, cuando te retires no valdrás más que tus anécdotas. No me refiero únicamente a jugadores de primera división. En estas líneas me estoy refiriendo a todos los futbolistas asalariados capaces de pasar un mes con el sueldo que reciben. Es habitual que un futbolista sea más respetado cuando tiene como única dedicación el fútbol. Es el sueño de todo aficionado, incluso aquel que odia hacer ejercicio y no es ni capaz de subir las escaleras del metro a pie. El fútbol es tener un trabajo y además es un juego.

Quien haya tenido un futbolista en casa entenderá de qué hablo. Los futbolistas entenderéis de qué hablo. Todo el mundo nos pregunta "¿Cómo estás? ¿Qué tal el equipo?, ¿Dónde juegas este año?, ¿Y el año que viene?, Oí que estabas lesionado, ¿estás mejor?". Y la verdad es que se agradece porque es un estímulo que haya gente interesada en tu trabajo. Todas las atenciones se centran en él a pesar de cada cual tener sus propias preocupaciones. En casa se preocupan tanto por uno que muchas veces desde el entorno familiar se trata de no cargar al futbolista con los "problemillas" familiares. La intención es no interferir en su corta carrera. La vida del futbolista requiere de esfuerzos para todo su entorno. Esfuerzos que ni ellos saben que están haciendo. Leyendo el libro de 'Messi, el niño que siempre llegaba tarde' (Leonardo Faccio), me sorprendió que toda su familia se preocupaba por no hacer el mínimo ruido cuando dormía la siesta, en cambio, intuyo que con sus hermanos no debía ocurrir lo mismo. Esto pasa con muchos jugadores, se les exime de ciertos mecanismos del funcionamiento familiar. De todos los miembros, el futbolista de la familia es quien más tiempo libre tiene a pesar de tener todos los fines de semana ocupados durante la temporada, pero durante una franja de tiempo muy corta. Sin embargo, esta franja condiciona el resto del tiempo. Los inconvenientes de ser futbolista son algunos, pero incomparables con las ventajas. Cuando uno se encuentra dentro no lo ve. Al igual que no ve que su lesión de rodilla es menos importante que los 4 meses de paro que pasó su hermano hasta encontrar un trabajo de mierda. Tampoco ve que sus padres se están separando porque cuando él está presente tratan de disimular para no preocuparle con "pequeñeces" como esa. El niño ya tiene bastante con hacerse con un puesto en el once titular y renovar contrato, piensan los padres. Es la hermana quien cada día ha de aguantar el ambiente gélido infernal entre los padres mientras acaba una carrera y trabaja. Pero vale más un gol a puerta vacía de él que un examen de física aprobado por ella. No es una situación voluntaria pero el fútbol está tan magnificado que llegamos a creer que nuestros grandes problemas cotidianos son menos importantes que los gajes del oficio balompédico. Puede llegar a parecer más dramática una expulsión en el minuto quince que un contrato de quince días.

Al retirarse, uno se da cuenta de las cosas que han ocurrido en casa en las que no se le ha involucrado para no afectar su carrera. El padre estaba más enfermo de lo que parecía, su hermana más quemada que el palo de un churrero, a su madre le bajaron el sueldo hace dos años, su primo no fue a la universidad porque no supo de dónde sacar mil euros. ¿Por qué nadie me dijo nada? Para no molestarte ¡Algo podía haber hecho, no soy la estrella de la familia! Soy un miembro de la familia.

Las familias han de tener en cuenta que los problemas de la familia son de todos sus componentes. El futbolista sólo lo es en el terreno de juego; fuera de él es un miembro de la sociedad; miembro de una familia, totalmente capacitado para aportar su grano de arena. Si se le excluye con la intención de protegerle, corre el riesgo de convertirse en un náufrago social.

El placer de entrenar

A ningún futbolista se le asegura que va a jugar todos los partidos de la temporada. Ni el que cobra más, aunque a este sea más complicado dejarle en el banquillo. El resto entrena para conseguir una oportunidad y mantenerse en el equipo. Lo que sí está asegurado es poder disfrutar de todos los entrenamientos. De hecho, se paga por entrenar mucho y por jugar de vez en cuando. No es como en la NBA que casi hay el mismo número de entrenamientos que de partidos. En fútbol, si no tenemos en cuenta a los equipos que acostumbran a jugar competiciones europeas —que son minoría—, la relación entre partidos y entrenamientos es de cinco a uno. Cinco días de entreno y uno de partido por semana. Para hacer del fútbol una experiencia agradable pero exigente, es aconsejable disfrutar de los entrenamientos. Me atrevo a decir que la gran mayoría de jugadores disfruta entrenando. El entreno es el momento idóneo para ganar confianza, ya que los errores son menos trascendentes que durante los partidos. Una programación dinámica de las sesiones de entrenamiento ayuda a mantener alta la motivación de los jugadores. Uno de los principales pecados en los que caen muchos entrenadores es permitir que los que juegan se sientan insustituibles. El entrenador no siempre tiene el tiempo o la habilidad de subir la moral de un jugador deprimido. No jugar mucho no es una excusa de peso para no entrenar bien. De hecho, merece la pena aprovechar las sesiones de entreno para evitar caer en la desidia. No es fácil mantenerse motivado cuando el esfuerzo no se ve recompensado a corto o medio plazo. El míster no es un tutor que va preguntando uno a uno cómo se encuentra. Se interesa por quien cree que le puede ser útil. Las alineaciones no se hacen para premiar el trabajo, sino para ganar partidos. A veces los entrenadores tienen que ir contra sus principios y poner jugadores que de tener sustitutos de su confianza no pondría. El galés John Benjamin Toshack dijo en una rueda de prensa siendo entrenador del Real Madrid una frase que apoyarían todos los entrenadores:

"Los lunes siempre pienso en cambiar a diez jugadores, los martes a siete u ocho, los jueves a cuatro, el viernes a dos, y el sábado ya pienso que tienen que jugar los mismos cabrones de siempre."

Una plantilla ronda los veintidós jugadores; de estos veintidós solo once pueden empezar como titulares. No estar entre esos once no es un fracaso si se da todo en los entrenamientos y partidos. No hay que tener prisa, los premios a veces tardan en llegar y no siempre de la manera que esperamos. Puede que no lleguen hoy, ni mañana; puede que el premio lo recibas años después de haberte retirado. Decirle esto a alguien que está jugando actualmente es descorazonador, pero el tiempo es más sabio que la impaciencia. En la vida se gana o se aprende. Lo importante es quedarse con la satisfacción de haber hecho todo lo posible por ganarse un puesto. El entrenador no puede satisfacer a todos los jugadores. No es Dios. Dios tiene la ventaja de no estar obligado a satisfacer a todo aquel que se lo pide, y aun así sigue siendo idolatrado. Vemos a menudo como hay jugadores por parte de equipos rivales que le piden ganar el mismo partido al mismo dios. Supongo que esperan que Dios conceda la victoria a quien rece más fuerte. En un deporte tan competitivo todos no salen contentos.

Uno mismo debe aprender a ser autocrítico, pero sobre todo a reconocer sus aciertos y virtudes, que suelen ser más de las que nos creemos. Si dependemos del reconocimiento por parte de otros nos convertimos en seres vulnerables ante la crítica. Es un error funcionar a base de palmaditas en la espalda. Éstas pueden convertirse en puñales sin apenas darnos cuenta. Pero no me malinterpretes: no hay que confundir la adulación con el reconocimiento. Si pudiésemos entrar en la cabeza de algunos jugadores mientras juegan, nos sorprenderíamos de la cantidad de palabras negativas que se dicen a sí mismos cuando no están acertados. En los tenistas se ve claro. Cualquiera que haya visto varios partidos de tenis habrá podido observar como algunos jugadores rompen raquetas o se gritan a sí mismos que "no valen nada" y frases por el estilo. Lo que me gustaría saber es por qué son tan pocos los que gritan en voz alta "¡qué bien lo he hecho!". Seguramente porque sería ofensivo para los rivales y para el público por la prepotencia que se presupone cuando alguien *no tiene abuela*. Posiblemente sería abucheado y criticado. En cambio, se permite que un jugador se autodestruya en público sin que nadie le pare los pies. Me parece enfermizo. Lo que ocurre es que cuando el público ve a un tenista autoflagelarse en la pista lo acepta porque muchas personas hacen lo mismo en privado. ¿Quién no se ha dicho nunca algo como "¡qué torpe soy!"? Yo no me lo he dicho nunca, pero escucho a diario a gente llamarse tonta por haberse equivocado en algo. Equivocarse no es cosa de tontos, es algo necesario. Ser tonto es cometer los mismos errores de forma sistemática, pero aun así no soy capaz de insultarme a mí mismo, lo veo una estupidez. La autoexigencia no tiene por qué estar ligada a la autodestrucción. No entra en mi cabeza tratarme como no me gustaría que me tratasen otros.

Tuve la suerte de coincidir durante mi etapa en el Espanyol B con Arnal Llibert. Arnal. Era un jugador luchador, explosivo, constante y con una calidad más que suficiente para mantenerse a buen nivel en segunda o primera división, como hizo. Era un jugador que cuidaba mucho su forma física y entrenaba siempre al cien por cien. Era la clase de jugador que siempre estaba listo para jugar; por eso siempre era titular en cualquier puesto del campo que se le necesitara. A simple vista desde dentro del vestuario, su secreto parecía ser su profesionalidad, pero años más tarde descubrí que el secreto de Arnal era que cada vez que marcaba un gol entrenando lo celebraba apretando los puños o con cualquier otro gesto poco exagerado. Cada vez que realizaba una acción de forma correcta aumentaba el ritmo y mostraba más confianza. Si fallaba lo volvía a intentar como si no hubiese pasado nada. En el equipo hacía gracia que celebrara incluso goles sencillos en los entrenamientos. Pero de esto yo he deducido que él mismo se estaba premiando por el trabajo bien hecho, aunque este fuese un trabajo sencillo. Las cosas sencillas también hay que hacerlas bien. Cuando uno falla un gol a puerta vacía sabe que puede recibir un aluvión de críticas y mofa, razón de peso para celebrar los goles fáciles como si fuesen los más complicados. Bueno, Arnal celebraba bien todos los goles, incluso los que no marcaba él, algo que le honraba como buen compañero. Cualquier jugador agradece tener a un Arnal en el equipo, aunque lo ideal es que cada uno sea un poco Arnal. Motivación por defecto. Yo he llevado el Espíritu de Arnal, sobre todo en mi vida: si cojo el tren por los pelos, aprieto los puños y digo "yes!"; si apruebo un examen, aprieto los puños; cuando lanzo una bola de papel desde lejos a la papelera y acierto, evidentemente que aprieto los puños. Incluso cuando mi mujer dio a luz apreté los puños mientras lloraba de emoción y me dije por dentro: "¡toma!".

El secreto de Arnal era la facilidad que tenía para generar dopamina, que es una sustancia producida en diferentes partes del cerebro, pero a su vez es una hormona. Entre sus principales funciones están: aumento de la frecuencia y presión cardíaca, regular el sueño, la atención y la solución de problemas. Ayuda a percibir con mayor el placer y a disminuir el mal gusto de las experiencias desagradables.

Ser futbolista permite conquistar varios premios como si se tratase del juego de Super Mario Bros. Acertar un pase corto ya es motivo de alegría. Puede parecer lo más sencillo del mundo, pero en cada partido vemos como se fallan un montón de pases de cinco metros. En tenis los llaman errores no forzados. Pues en el fútbol se dan de forma habitual pero cuando los acertamos no lo valoramos lo suficiente. No cuentan como goles, pero hay que asimilar de forma automática cada acierto en el terreno de juego como un pequeño éxito que acerca al equipo al objetivo final, que es ganar. He hablado de pases cortos, pero también son pequeños grandes aciertos cortar un balón, hacer un regate, una parada, un buen control... Por eso cuando un jugador debuta se le dice que toque fácil los primeros balones para coger confianza y armarse de valor a la hora de realizar acciones más complicadas si el partido lo requiere. Retroalimentarse continuamente y rehacerse cuando se falla. La parte buena de reconocerse los aciertos, durante un entreno o un partido, es que no hay tiempo para saborear el éxito, si lo haces estás muerto porque habrás perdido la concentración. El juego no va a parar porque hagas un control espectacular, todo lo contrario, después de amansar el balón debes entregarlo en condiciones o finalizar la jugada a ser posible bien. Es más, no hace falta decir nada cuando se acierta. Llega un punto en que ese "¡bien!" se transforma en placer; el placer de hacer las cosas bien. Es una sensación increíble cuando haces algo bien sin necesidad de reconocimiento externo (aunque de vez en cuando lo necesitamos). Para que te hagas una idea de lo que hablo te pongo un ejemplo: Más de una vez he comprado comida y la he dejado a alguna persona "sin techo" mientras dormía y no se lo he dicho a nadie porque no lo he necesitado. Esa es la sensación que busqué en el terreno de juego. Te puedo asegurar que no es fácil, pero solo yo sé lo que he disfrutado cada vez que me ha salido bien un centro en el entreno. Hubo días en los que llegaba a casa como si fuese David Beckham, *sonrisa Profident* con la satisfacción de haber hecho todo con la mejor actitud del mundo. Al final de lo que se trata es de generar dopamina como desesperados.

El buen suplente no se ríe en el banquillo

Si quieres saber cómo es una persona dale poder. Los malos momentos también son buenos para saber cómo es la otra cara de una persona. Yo me enamoro de las personas que son capaces de sonreír en los malos momentos, sin embargo, me incomoda la gente que hace de sus desgracias el centro de sus vidas. Yo mido la profesionalidad de un futbolista en base a su actitud cuando no juega de manera regular. Es muy fácil entrenar con buena actitud cuando se tienen muchas opciones de jugar cada domingo. Por contra, cuando se es el jugador 16 o 17 de la plantilla se requiere de una profesionalidad por encima de la media para no bajar los brazos. Si hay algo que tenemos todos los jugadores es un ego enorme. El ego enjaulado es muy necesario para mantenerse en la élite. No jugar hiere el orgullo de cualquiera que se respete. A no ser que se compita con un fuera de serie, todos los jugadores sienten que tienen calidad suficiente para ocupar un puesto en el equipo titular. Solo es una cuestión de tener confianza y jugar muchos partidos. Cuando no se tiene la posibilidad de jugar, entrenar es la única opción para mantenerse a flote. No jugar incentiva la falta de apetito competitivo en muchas ocasiones. El buen profesional no puede bajar el ritmo en los entrenos, sino todo lo contrario, aumentarlo e incomodar al entrenador lo máximo posible con una actitud impecable y un trabajo inconmensurable. Tarde o temprano, con una actitud de gladiador, es complicado ser ignorado por el cuerpo técnico. Quizás no consiga jugar todo lo que desea, pero será respetado. El buen profesional debe hacer que el entrenador pase vergüenza por no alinearle. Evidentemente tendrá sus motivos, pero hay que eliminar la posibilidad de usar como excusa el bajo rendimiento.

Un error que se comete habitualmente es llamar buen suplente a aquellos jugadores que juegan poco pero están conformes con su situación. Si yo fuese entrenador querría tener a veintidós tíos que se viesen capaces de ser titulares; si no lo sintieran así no los querría en mi plantilla. Ningún jugador debería sentirse cómodo bajo la sombra del banquillo o el anonimato de la grada. Un banquillo con suplentes sonrientes es un problema para un entrenador exigente, y una bendición para uno cobarde. El primero ve como las alternativas se reducen cuando los que no juegan parecen disfrutar del banquillo. Sin embargo, el entrenador cobarde duerme tranquilo porque los suplentes ya le han hecho la alineación al descartarse con sus risas y su actitud jovial. A Ronaldinho le veíamos riendo siempre, pero en el banquillo nunca. Aunque ocurre lo contrario, los jugadores que se encuentran en el banquillo deben estar igual o más concentrados que los que están jugando. Es mucho más sencillo estar concentrado mientras se juega, una vez dentro del campo se activan todos los sensores automáticamente. En cambio, en el banquillo pasan demasiadas cosas por la cabeza y cuesta mantenerse concentrado al cien por cien. El entrenador, cuando saca a un jugador del banquillo, lo único que espera es que arregle parte del asunto o que no lo estropee. Buscan un revulsivo que dé aire fresco y fuerza al equipo. Pero todos los futbolistas saben que sustituir a un compañero no siempre significa aportar aire fresco. De hecho, cuesta unos minutos coger el ritmo de partido. Los primeros minutos son infernales; mientras que todo el mundo espera que pongas otro ritmo al encuentro, tú estás tratando de no asfixiarte. Reconozco que es complicado concentrarse en el banquillo porque no se sabe cuándo se va a saltar al terreno de juego, y a medida que los minutos pasan la expectación se transforma en un "para lo que queda que salga su puta madre". Un buen profesional está pendiente de lo que ocurre sobre el césped, especialmente en la zona del jugador al que puede sustituir. El suplente no puede permitirse el lujo de comerse el regate que lleva haciendo el extremo desde el minuto uno. Si has estado atento sabrás que lleva todo el partido haciendo la misma jugada, sería imperdonable caer en ella. En el banquillo no se está para pasar el rato.

No me canso de repetir que puede que trabajar duro no tenga una recompensa inmediata, pero se debe llegar a casa con la sensación de haber cumplido en cuanto a trabajo y actitud se refiere. Actuando así no pondrás en manos de ningún entrenador tu felicidad fuera del terreno de juego. El contrato contigo debe ser respetado. Al retirarte es cuando te das cuenta de que muchas de las experiencias y situaciones vividas te valdrán para toda la vida. En activo es complicado porque la competición es un pasar páginas continuo. Cada temporada es un libro que quizás releas en un futuro, cuando quede más lejano en el tiempo y puedas analizar con cierta frialdad y distancia. Si eres inteligente la vida es una *win-win situation*. En cambio, una mala actitud entrenando te condena al ostracismo, seguro. Nadie quiere dar una oportunidad a un cenizo o a un gandul. La mejor gasolina es enfadarse con uno mismo, hacerse preguntas y buscar soluciones, exigirse sin autoflagelarse. Un equipo de fútbol es un ejército en el cual los soldados compiten por ponerse en la primera línea para defender la misión del conjunto.

El buen suplente pelea por un hueco en el once titular, aunque sepa que tiene pocos números para jugar. El buen suplente se tiene que enfadar cuando le dan el peto de los suplentes en el partidillo de los jueves. El buen suplente se va casa puteado cuando ve que no está convocado. Tiene el trayecto en coche hasta casa para enfadarse y desenfadarse.

Una vez en casa debe haberse desenfadado, porque nadie se gana el puesto poniendo mala cara a su gente. Se debe desenfadar porque aguantarse a uno mismo es un coñazo. El buen suplente se queda con el preparador físico a realizar trabajo extra. El buen suplente le pide al tercer portero que se quede para pegarle unos tiros o unos centros. El buen suplente cuando calienta, aunque solo queden diez minutos, lo hace como si fuese a jugar de titular la final de la Copa del Mundo. El buen suplente sabe que ser suplente es algo puntual.

El futbolista es un ejemplo aunque no quiera

He escuchado como jugadores dicen que ellos no tienen que ser ejemplo de nada ni para nadie. Bueno, esa es una posición muy cómoda respecto a la sociedad. Es fortalecer los cristales de la burbuja en la que viven. Precisamente se lo escuché a Álvaro Arbeloa en 'Jotdown Magazine', dijo: "Yo no tengo que ser un ejemplo para nadie". Me parece contradictorio que un jugador capaz de pasarse los partidos haciendo marrullerías monte en verano un campus para niños. No es el único, es algo extendido en el mundo del fútbol. Un jugador puede pensar lo que quiera, pero una vez que estás frente a miles de personas se convierte en un modelo para la sociedad. No porque sea su función, sino porque muchos les están observando. Es el precio que se paga por ser futbolista de élite. Son millones de niños los que sueñan con ser futbolistas profesionales y eso no lo puede controlar ningún futbolista. Aunque la mayoría evita la presión que conlleva ser el espejo de tanta gente. Quiero pensar que cuando uno es padre cambia el punto de vista respecto a la imagen que da. Amigos, futbolistas, colegas, no crean que este es un tema relacionado únicamente con ustedes. Es algo que va con la sociedad, **Con el llamado "Yo ético", que es un yo estético que se percata de que, a pesar de su individualidad, no puede permanecer en un constante estado de pasividad social. Supone el reconocimiento de una necesidad vital que se obliga a si misma a formar parte del entramado complejo de la sociedad y aportar a ese todo, aunque ello suponga diluir o dejar de centralizar la existencia en ese yo estético anterior (Ejemplaridad Pública, Javier Gomá).**

Para construir una sociedad mejor, las personas responsables debemos intentar, en la medida de lo posible, ser un ejemplo de comportamiento. No es necesario convertirse en Gandhi ni en la Madre Teresa de Calcuta, basta con mostrar empatía y compasión. Un futbolista ante todo es un ciudadano, con la diferencia de tener un impacto de mayor alcance que otros. No ser una mala influencia para los niños debería ser una premisa para todo adulto. Sé que es una utopía, pero sin ella viviríamos en una sociedad de bárbaros. Hay muchas normas y leyes, a veces demasiadas. Lo que está claro es que muchas personas solo cumplen las normas de comportamiento y las leyes que acarrean una sanción por parte de las Administraciones o las Fuerzas del Estado. Cumplir esas normas no tiene ningún mérito porque están condicionadas por el miedo a una sanción. Sin embargo, hay otro tipo de infracciones que al carecer de castigo son saltadas a la torera, por ejemplo, tirar papeles, colillas y otros desperdicios al suelo. Con la cantidad de papeleras y contenedores que hay en las ciudades carece de sentido ese comportamiento. Un gesto como introducir un papel en la papelera es un gesto modélico. No conozco a nadie que en su casa tire el plástico del cartón de tabaco al suelo. En cambio, en la calle se hace sin ningún rubor. ¿A que es fácil ser un modelo de comportamiento? Pues todavía hay mucha gente a la que le cuesta levantarse del asiento para cedérselo a personas que lo necesitan (ancianos, embarazadas, lesionados). Que una sociedad supuestamente avanzada tenga este tipo de carencias es un progreso endeble. Estos pequeños gestos de civismo no requieren de millones de espectadores, ni de felicitación alguna. Se interiorizan en el comportamiento. Ser cívico no requiere de grandes esfuerzos, pero es muy cómodo hacer las cosas mal porque cuando no hay castigo hay burros que no andan.

Los futbolistas desarrollan una labor social más importante de lo que ellos imaginan. La mayoría están convencidos de que lo máximo que pueden hacer es entretener y distraer a los aficionados. Si su influencia quedara en eso un mono podría suplirles. Pesa mucho la responsabilidad de ser imitado por los que te admiran. Decía Gary Vaynerchuk –empresario estadounidense de origen ucraniano– que "el hecho de ser un personaje popular te fuerza a actuar con mayor educación de cara al público. Se juegan la reputación en cada aparición pública, ya sea en la tele o en el supermercado". El resto de personas debemos ser conscientes que nuestra reputación está en juego cada vez que tratamos con alguien. No solo con extraños sino con nuestra propia familia y amigos. Solo les cuesta esfuerzo mantener la reputación a las personas que no actúan a gusto de buena fe. Debemos aceptar que mucha gente cree que ser amable es ser hipócrita; yo opino que ser amable es tratar a los demás como nos gustaría ser tratados. Lo opuesto a "amigo" no tiene porqué ser "enemigo". No es posible llevarse bien con todo el mundo; con los que no me llevo, al menos no me peleo. Sin más.

Los jugadores aún estarán esperando argumentos rotundos para comportarse como modelos a seguir. He aquí mi argumento: porque a cambio de fama, dinero, prestigio y admiración debéis dar algo más que toques de balón. Entiendo que el juego está plagado de situaciones límite, pero los hay que se sobrepasan. Por ejemplo, recuerdo a un tal Jara que le metió los dedos en el culo a Cavani durante un encuentro de la Copa América de Fútbol. Un gesto tan deplorable no tiene lugar en el fútbol. Ni me molesto en hablar de lo de Pepe a Casquero. Las sanciones para este tipo de comportamientos deben ser ejemplares. Dentro de un terreno de juego hemos llegado a ver acciones que en la calle serían motivo de arresto. Pero en el fútbol creemos que estamos por encima de la sociedad y nos regimos por un código ético de conducta inexistente. Los hay que solo atienden a leyes estrictas. Hay que pararles los pies porque serían capaces de hacer lo que sea por ganar sin importar la imagen que están dando. Para muchos futbolistas, entrenadores y aficionados, el fin justifica los medios si se consigue la victoria. Una vez la copa en las manos no importa cómo se ha ganado, aunque hayamos perdido el honor por el camino. Las malas conductas de algunos profesionales dificultan a muchos padres la tarea de educar a sus hijos. Los mismos padres que cambian de canal cuando hay una escena de sexo, pero no cuando están repitiendo como un jugador está gritando en la cara del árbitro. Ya sé que la educación no debe recaer en los futbolistas, pero lo que está claro que cuando vivimos en una sociedad es esta quien se encarga de educar los niños. Un proverbio africano dice que hace falta toda la tribu para educar a un solo niño. Quiero recalcar que son los padres los primeros que deben dar ejemplo a sus hijos, no los futbolistas. Pero en la educación deportiva los futbolistas han de cargar con su parte ya que el deporte despierta la admiración y la atención de millones de personas en todas partes del mundo. Algo tendrá que ver que Educación, Cultura y Deporte formen un Ministerio.

Los futbolistas profesionales abundan

Estoy seguro de que nadie daría por sentado que todas las empresas textiles facturan cantidades similares a Inditex. Tampoco hay tantos ilusos que crean que gana lo mismo Ferrán Adrià que el dueño de un bar de barrio. Sin embargo, cuando hablamos de los futbolistas profesionales se tiene la percepción de que todos ganan millones de euros. Es importante dejar claro a qué nos referimos cuando hablamos de futbolistas profesionales. Para unos se trata de los que juegan en primera y segunda. Para los que conocemos el barro del fútbol, afirmo con rotundidad que dentro del saco de jugadores profesionales hay que incluir a los que juegan en segunda B y a la tercera división y, en algunos casos muy particulares, a jugadores que militan en categorías más subterráneas. Hay jugadores que tienen un salario mensual que les permite dedicarse únicamente al fútbol. En cambio, hay otros que complementan sus ingresos con otro empleo compatible con el fútbol. Eso no quiere decir que sean menos profesionales. Conozco casos de jugadores que ganando un millón de euros se cuidaban menos que otros que ganaban menos de mil euros al mes. Tan profesional puede ser un panadero como un ejecutivo. Cómo realicen su trabajo determinará su grado de profesionalidad.

Es más cómodo generalizar que hablar con propiedad. Y en el mundo del fútbol, cuando en la Copa del Rey se enfrenta un equipo de primera división contra uno de segunda B los periodistas suelen decir que el equipo de segunda B no es profesional porque la mayoría tiene trabajos fuera del fútbol. Lo que no explican los periodistas es que esos jugadores dedican exactamente las mismas horas que los de primera división a entrenamientos y partidos. Con mucho más mérito ya que tienen que compaginarlo con otros empleos, o porque haciendo las mismas horas cobran menos. A eso hay que añadir que tienen menos profesionales a su disposición (fisioterapeutas, psicólogos, abogados, etc.) ¿Qué autoridad tiene un periodista para decir que no son profesionales? ¿Qué hay que hacer para ser profesionales? ¿Ganar mucho dinero? Si nos tuviésemos que regir por esa vara de medir, un mecánico de un taller de barrio no sería un profesional si lo comparamos con los de la Fórmula 1.

Aunque los futbolistas más modestos (modestia a nivel económico) estén cortados por el mismo patrón que los de primera división, viven en mundos muy diferentes. Es el mismo arquetipo si nos fijamos en los gestos y la estética. Pero no imitan la manera de jugar, imitan la forma de vestir, los tatuajes, los peinados raros y los gestos. Como ocurre en todos lados: los más ruidosos, aunque sean menos, son los más visibles. Cuatro gatos acaban siendo la imagen que la sociedad percibe de los futbolistas, cuando la realidad es bien distinta. Como en todos los gremios abundan las personas con costumbres y actitudes que pasan desapercibidas.

Esta imagen estereotipada daña la imagen de todo el colectivo porque la gente tiene una idea preconcebida totalmente errónea. Cada individuo es un mundo. Como es difícil hablar de manera individual metemos a todos en el mismo saco. Para nada es lo mismo jugar en una categoría que en otra. Cambia mucho el asunto. Más de lo que el aficionado se imagina. Al futbolista modesto le avergüenza contar que no es todo tan glamuroso como puede parecer, pero aun así le encanta. Es otro fútbol, un submundo dentro de la burbuja del fútbol. Un futbolista de una categoría inferior con los pies en el suelo es consciente de que tarde o temprano le va tocar trabajar en lo común. Por el contrario, imagino que un jugador de primera división con un sueldo potente solo se preocupa de hacer que su dinero trabaje por él.

Poco se habla del grueso de los jugadores federados que representan ser la mayoría de futbolistas en España. En tercera se puede encontrar a muchos jugadores cobrando doscientos o trescientos euros entrenando cuatro días a la semana más el partido del fin de semana. Eso es profesionalismo, eso es pasión por un deporte en el que a veces uno mismo tiene que hacer de tripas corazón para no desencantarse. De todos, los federados, menos de un 0,2%, están en primera división. A pesar de ser minoría, al resto se le mete en el mismo saco. Me atrevería a decir que tristemente no es el mismo deporte en algunos aspectos. He estado en lo más alto y en lo más bajo. Sé de qué hablo. Un jugador de segunda B o tercera se encuentra expuesto a una inseguridad contractual que no deseo a nadie. Los hay que estudian o trabajan simultáneamente (esos son mis ídolos). Si uno de estos se lesiona de gravedad puede perder el trabajo. Además, para ser operado tarda mucho más que un futbolista de élite.

Esta espera acarrea cambios importantes en la vida del jugador de categoría inferior, porque además de ser operado, luego ha de tener la suerte de tener una rehabilitación apropiada. Para un futbolista profesional subterráneo las condiciones de la rehabilitación no suelen ser tan personalizadas ya que son pocos profesionales los que han de atender a muchos jugadores de muchas categorías. Por mucho que quieran no pueden dedicar la minuciosidad que desearían en cada caso. Por si lo expuesto no te convence: si tener que irse a otra ciudad a trabajar no les convierte en profesionales, quizá sea una cuestión de millones. Por menos de mil euros muchos dejan su casa, y no es amor al dinero, sino pasión por el fútbol. Respeto, por favor.

Decir "futbolista" es solo la punta del iceberg. Si contasen el esfuerzo que hacen para combinarlo con otras profesiones, quizás, el espectador fuese más comprensivo, aunque no se trata de generar compasión. Lo que me choca es que ellos no se denominen como profesionales. Se pierden los fines de semana, asisten religiosamente a los entrenamientos bajo la amenaza de sanción por llegar tarde. Pero dicen que no son profesionales. Yo creo que hay que ser muy profesional para que con veinticinco años un joven deje de salir un sábado para estar en buenas condiciones el domingo. Eso es ser profesional. Un salario de quinientos euros al mes no tiene la suficiente fuerza para retener a un joven cualquiera en casa casi todos los sábados noche. Amigos futbolistas, no dejéis que nadie diga que no sois profesionales, porque desde la adolescencia, lo sois.

El uso de las redes sociales

El impacto de las redes sociales llegó al mundo del fútbol con la ingenua esperanza de alguno como yo de acercar a futbolistas y aficionados. Por desgracia los jugadores más populares utilizan las redes sociales para promocionar productos y para, inconscientemente, abrir una brecha con los aficionados. Para que se entienda mejor lo que comparten: tiran basura al espacio sin separar orgánica, papel, vidrio ni metal. Es tal la cantidad de basura que exponen que a veces olvidan que les puede causar algún problema. Hemos visto como un jugador del Valencia fue *trending topic* por un vídeo que colgó un amigo suyo borracho en una discoteca. El asunto no es que estuviera borracho, sino que se dejase grabar en ese estado. Dios me libre de amigos así. Es más, creo que los jugadores profesionales deberían dejar claro a sus amistades que cualquier cosa que publiquen acerca de ellos debe ser consultado. Más que nada porque están expuestos a la crítica de la opinión pública. Se exponen a insultos de personas anónimas que no tienen por qué admirarlos. Posiblemente el jugador sepa convivir con eso, pero las personas que le quieren no tanto. Hay estudios que afirman que es adictivo subir una foto y recibir "likes". No solo en el fútbol, en general, se tiende a confundir cantidad con calidad. Cuantos más "me gusta" más importantes nos sentimos las personas. La popularidad, tan exaltada en las series juveniles estadounidenses, está recogiendo sus frutos gracias a la tecnología. No le daríamos tanta importancia a todo esto si tuviésemos en cuenta que ser famoso en Facebook es como ser rico en el Monopoly (ahora no hablo de futbolistas). Todo el mundo quiere ser la persona más popular del instituto a pesar de haber dejado el instituto hace mucho tiempo. Los futbolistas no provienen de Marte, sufren de las mismas patologías sociales que sufre todo el mundo, la diferencia es que ellos tienen más repercusión. En realidad, no están haciendo nada que no hace cualquier otro joven. A veces pienso que un futbolista es un joven cualquiera que alarga parte de la adolescencia en ciertos aspectos de su vida. Un futbolista es como un rapero de éxito: una persona practicando un arte callejero, pero con público. Entiendo que quieran actuar como cualquier hijo de vecino, pero por mucho que lo intenten no lo son. Un gran médico puede tomarse un café en la cafetería que le apetezca sin ser interrumpido; sin embargo, un jugador de primera división sale de casa sabiendo que alguna foto tendrá que hacerse con algún aficionado. Ya sea en las inmediaciones del estadio o por la calle. En cambio, al médico no le molestan ni en la cafetería del hospital por muchas operaciones a corazón abierto que haya finalizado con éxito.

Hay jugadores que tienen más presencia en las redes sociales que en el terreno de juego. En estos casos me refiero a Instagram y Twitter, que son las únicas en las que el seguimiento no es recíproco. Quizá yo sea un poco ingenuo, pero me da la sensación de que ignoran que la gran mayoría de fans son adolescentes. Por eso creo que recae una enorme responsabilidad sobre ellos. Muestran viajes y artículos con los que muchos solo pueden soñar. Nunca le encontraré el sentido a mostrar un coche de doscientos mil euros en Instagram. Sin embargo, se lamentan de la falta de privacidad y de la legión de troles que hay en las redes. ¿Alguien entiende eso? (¿Te suena el mítico "fotos no, fotos no" en un episodio de El Príncipe de Bel-Air?) Cuando llega el verano, quieras o no, te enteras de cómo pasan las vacaciones en tiempo real. A John Terry, capitán del Chelsea, no se le ocurrió otra cosa que subir una foto esquiando con su mujer. ¿Y qué pasó? Que los ladrones entraron en su casa. Y además el club le sancionó por esquiar, actividad que tienen prohibida durante la temporada. Todo esto se debe a que hay empresas que les pagan los viajes y les piden que hagan publicidad encubierta. A mí lo que me parece poco ético es que no adviertan cuándo es publicidad y cuándo vida real. Es el mundo de hoy; por un lado, colaboran con una fundación para la reinserción de menores y por otro hacen apología del "juego responsable". La coherencia brilla por su ausencia.

La carrera por la popularidad se ha convertido en el principal objetivo entre las estrellas. No es que quieran tener muchos seguidores, lo que quieren es tener más que el otro. Todo el mundo quiere ser el primero porque les han hecho ver que todo lo demás es ser un perdedor. Parecen concursantes de Gran Hermano en busca del voto del público.

La carrera de futbolista no es algo que se cueza de un día a otro, lo cual debería advertir de lo que se pueden encontrar delante. Me parece indispensable que no pierdan la perspectiva, pero es complicado llevar una vida normal en una profesión tan peculiar. No es barato ser futbolista de élite. Algo hay que dar a cambio. En un trabajo común se puede pagar con tiempo, esfuerzo o habilidad. En el fútbol se paga con la abstracción del mundo real. Para que te hagas una idea: cuando hay elecciones un futbolista puede librarse de estar en la mesa electoral si tiene partido.

Es aconsejable respirar hondo antes de publicar algo y preguntarse si es necesario. Yo lo hago en cada publicación. Aunque reconozco que muchas veces se me va la mano, por ejemplo, este libro que lo publiqué inicialmente mal corregido (y posiblemente siga habiendo erratas) pero mi audiencia no es tan numerosa como para andar preocupándome por todo lo que publico.

Una cuenta bien gestionada, personal pero profesional, es un valor añadido para el deportista. Es una manera de acercarse a los aficionados sin parecer un dios. Basta con ser honesto. Una cuenta interesante puede gestionarse publicando frases célebres (a ser posible de libros que están leyendo) o hacer fotos de lugares a los que cualquiera puede acceder, como calles, plazas, museos, bares, restaurantes no muy caros, películas, libros, música, etc. Cualquier cosa que a uno le parezca interesante siempre que no sea un lujo inalcanzable para el ciudadano medio. No es necesario alardear de riqueza. Si la estrella de tu equipo hace una foto de un balcón de una calle cualquiera, muchos aficionados sentirán empatía porque ven que pasan por lugares comunes a todos. Fotos exclusivas del vestuario también son muy interesantes, aunque hay que saber en qué momento se hacen. No me gustaría tener compañeros que están más pendientes de hacer fotos que del partido. En cambio, mostrando fotos de yates y coches lujosos lo único que consiguen es crear distancia entre el jugador y los aficionados. Los fanfarrones siempre tienen gente esperando un mal momento para cebarse con ellos. Pasa en el fútbol y en la vida real. La delgada línea entre despertar envidia y admiración. Los medios de comunicación solo se preocupan de mostrar las fotos más extravagantes de los jugadores y, si pueden, las sacan de contexto. Tampoco hay que compartir todo lo que se hace, no está de más mantener cierta privacidad. A fin de cuentas, lo importante es como se mueve el jugador dentro del terreno de juego.

Algo que se ha puesto muy de moda es llorar en las redes sociales por los errores del árbitro. Una hora después del partido se pueden ver publicaciones en redes sociales con protestas hacia la labor arbitral. Sin haber reflexionado, un teléfono móvil es demasiado peligroso para cualquier persona enfadada. Pues ahora es lo normal. Me dan pena los jugadores que suben fotos y vídeos de los errores arbitrales, pero no ponen nada de sus fallos (algunos garrafales). Que lo hagan los entrenadores me parece muy ventajista porque ellos son los primeros en cometer errores, además son personas más maduras que los jugadores, deberían tener más temple a la hora de hacer ruido. Ya hay bastante basura en el espacio de Internet.

Ten inquietudes, te pueden salvar la vida

Durante mi etapa como futbolista profesional disfruté de muchísimo tiempo libre. Esa es una de las grandes ventajas de ser futbolista profesional. Con el tiempo te vas dando cuenta del privilegio que esto supone. Mientras eres jugador estás tan centrado en alcanzar tus metas que el tiempo no lo valoras como merece. Siempre andamos a la carrera pensando en hacerlo bien para estar en un equipo mejor; hacerlo bien para jugar más; hacerlo bien para seguir jugando; hacerlo bien para ganar más dinero... Pero olvidamos que la vida va más allá del fútbol hay otras cosas que también podemos hacer igual de bien o mejor (no es fácil jugar bien a fútbol). Cierto es que hay muchos jugadores que aprovechan bien el tiempo libre. Yo en mi caso siempre tengo la sensación haberlo podido aprovechar mejor, pero no creo que sea la única persona con ese pensamiento. Tengo la satisfacción de acostarme desde hace años con la conciencia tranquila y levantarme con la fuerza de un huracán, pero durante mucho tiempo no sabía dónde quería estar, ahora sé que quiero estar donde estoy: en el camino. Un camino que no sé a dónde me lleva, ¿pero es tan apasionante!

Cuando das el paso del juvenil al profesionalismo entras en el mundo laboral sin ser uno de los millones de trabajadores que completan el ciclo del sueño en el metro antes de enfrentarse a una maratoniana jornada laboral. Con una fiambrera o un bocadillo de casa que serán acompañados por un refresco en el bar, refresco que les permite descansar bajo techo antes de continuar la jornada partida.

Dejamos de jugar con adolescentes para hacerlo con hombres a cambio de un sueldo, que libera a los padres de abonar una paga sin motivo. Es entonces cuando uno empieza a tener claro que este puede ser su modo de vida. Es entonces cuando el fútbol empieza a coger un peso específico en la vida familiar. Todos sabemos que cuando alguien te paga es porque lo vales o porque espera algo a cambio. No es que se sienta presión, pero la balanza se declina hacia el lado de la carrera futbolística.

No es culpa de la familia que el fútbol se convierta en el eje de la vida del futbolista, viene de más lejos: el sistema educativo. Cuando me refiero al sistema no hablo únicamente de los profesores, que solo son mandados, sino del tipo de contenido de los libros y los objetivos a cumplir en cada fase de la etapa educativa. Y muchos diréis que los padres también tienen culpa; pues los padres han sido aleccionados de la misma manera que los hijos, no dejan de ser víctimas voluntarias como lo somos, o hemos sido, todos en algún momento de nuestras vidas. En la escuela somos formados para tener una salida al mundo laboral dando continuidad al modelo que se utilizaba durante la Revolución Industrial. El objetivo es formar trabajadores y no personas con iniciativa propia. No se fomenta el pensamiento, la duda, la creatividad. Ser diferente se penaliza. Se buscan ejecutores. Se alaba a los japoneses por su organización, pero no se cuenta que es una nación que ha perdido la creatividad porque tienen una forma de ver la vida demasiado calculada. Lo idóneo en la cultura japonesa es entrar en una empresa y mantenerse toda la vida. Y cuantas más horas extras hacen más respetados son. Es un modelo que en España no puede aplicarse porque somos de otra pasta, somos más espontáneos, más creativos y menos previsores.

Me hace gracia cuando escucho a algunas personas decir que los futbolistas son unos cazurros o cosas parecidas. Son acusaciones demasiado simples como para dejarlas en el aire. El futbolista no deja de ser un miembro más de la sociedad y actúa como tal. No es diferente un futbolista de un abogado, créeme. Si el abogado pudiese ejercer con diecisiete años e ir aprendiendo sobre la marcha, tengo claro que se ahorraría los años de carrera. Eso es lo que ocurre con los futbolistas; en cuanto ya ganan dinero les cuesta mucho seguir estudiando una carrera o grado de FP. Ellos se especializan en el fútbol y no dejan de aprender. Se convierten en expertos (aunque no son conscientes. Algunos se acomodan en la posición de ejecutores). Los futbolistas son fieles al sistema educativo: escogen una profesión que les da dinero (y que les gusta). Además, a temprana edad, a diferencia de muchos jóvenes, con un contrato en la mesa, ya saben perfectamente a qué se quieren dedicar: al fútbol. A la hora de ser futbolista no hay selectividad ni nada que se le parezca. No se sabe hasta cuándo va a durar la aventura. El error que cometemos muchos es que ponemos casi todos los huevos en la misma cesta.

Una vez metido en la rueda del fútbol se necesitan estímulos externos muy potentes para despertar el interés en otros campos más allá del deporte. Cuesta mucho olvidarse del fútbol durante buena parte del día porque siempre hay asuntos relacionados con la profesión que rondan la cabeza del futbolista (molestias físicas, resultados, cobros, ofertas, jugar o no jugar, etc.). No importa lo bien que vayan las cosas. El deporte profesional es como un bicho que siempre quiere más, nunca tiene suficiente. El esfuerzo físico requiere de un periodo de descanso. Lo cual alarga la jornada laboral del futbolista en una parte activa y otra pasiva. Dentro de la parte pasiva se pueden hacer muchas cosas ajenas al fútbol, pero es ahí cuando cometemos el error de no buscar desafíos. Nos conformamos con realizar actividades demasiado placenteras que a veces no son demasiado enriquecedoras, *killer tasks*. También existe el cansancio mental, que no va separado del físico. La parte mental y la física son complementarias entre sí. Si no hay un equilibrio entre ambas es complicado rendir a buen nivel. El fútbol es tan exigente que si se quiere estar al máximo nivel no se puede estar toda la tarde en una oficina levantando una empresa después de entrenar por la mañana. El futbolista es educado para mantener el foco únicamente en la carrera. Tampoco quiero que imagines al futbolista en casa sentado como un budista meditando (si no lo hace en las concentraciones no lo va a hacer en casa). Nada de eso. Una de las costumbres de todo futbolista profesional son las rutinas. Son llevadas a rajatabla porque las manías también son muy del futbolista. Los utileros podrían contar mil y una anécdotas sobre este asunto. Desde comer lo mismo el día antes de partido a dormir a la misma hora. Hay jugadores que el día antes de partido van al cine para desconectar. Hasta los veinticinco años se escucha habitualmente eso de «ya tendrás tiempo para salir». Lo que no nos dicen es que cuando lo dejemos ya no seremos chicos de veintidós años y seguro que no tendremos tantas ganas de fiesta. Te lo aseguro. Uno tiene que salir en la juventud, que nadie diga lo contrario. Lo que no hay que hacer es salir poco y beber mucho, como se suele hacer. Si el consumo de alcohol fuese más moderado entre los futbolistas, quizás habría más permisividad en cuanto a las salidas nocturnas. Aunque poco pueden hacer ya que hablamos de personas en edad adulta. Pero los clubes deberían poner más de su parte informando a los jugadores acerca de este tema. No creo que a nadie le haga mal un poco de educación respecto al consumo de alcohol (por el bien de la entidad). Una charla bimensual sería suficiente. Pero no solo sobre este tema, sino con la alimentación, el descanso, gestión económica básica o psicología. Yo obligaría a cada jugador menor de veinticinco años a escoger un mínimo de dos talleres anuales. Un club que hiciese esto tendría mucho ganado. No olvidemos que un equipo de fútbol tiene mucho de escuela. El problema es que ganar mucho dinero te resta ganas de aprender porque el sistema da a entender que el aprendizaje es un medio para conseguir un empleo que te aporte ingresos. Y no es ninguna burrada esto que comento. Dudo de la efectividad de algunas de las materias que se imparten en las escuelas, institutos y universidades porque no se enseña a salvar vidas ni a cocinar. ¿Hay algo más digno de ser aprendido que eso? No es necesario ser médico para practicar primeros auxilios. Parece que no es negocio enseñar a salvar vidas. Los jugadores de una plantilla aceptarían de buen grado quedarse una hora más, un día pactado, para recibir una formación de "primeros auxilios para la asfixia y reanimación cardiopulmonar para bebé". Por muy rico que se sea, nadie rechazaría una formación como esa. Una hora de atención puede salvar la vida de nuestro bebé. Y un hijo es más importante que cualquier otra cosa. Supongo que algún club realiza este tipo de cursillos, pero no tengo constancia de ello. Teniendo en cuenta la cantidad de jugadores solteros que hay, un curso de cocina podría ser muy útil a principio de temporada y una vez por trimestre. Trabajé una época en Thermomix, y creo que esa gente haría una gran labor enseñando a cocinar a los futbolistas. De esta manera se evita que tengan que salir de casa a comer menús con exceso de grasas. Este curso sería efectivo si fuese de pago con descuento (la gente no valora lo que es gratis si no es robado). A los jugadores les haría gracia subir fotos a sus redes sociales con un delantal. Estoy seguro de que se lo pasarían genial, y además servirían de ejemplo positivo para los niños. Conviene recordar que cocinar es una terapia muy efectiva para relajarse cuando se dispone de mucho tiempo. La alimentación es una parte esencial en el rendimiento de los deportistas, especialmente a largo plazo. El fútbol no es un deporte que ayude a adelgazar; solo hay que ver las pachangas llenas de gorditos que se reúnen todas las semanas durante años, pero no adelgazan ni un gramo. He estado en algún club que sancionaba a quien se pasara del peso ideal asignado por el entrenador —a ojo—, pero no nos enseñaban a comer. Totalmente ridículo. No entiendo cómo pueden gastar dinero en una plantilla para dejar en manos de la suerte aspectos tan básicos como la alimentación.

Yo dejo las ideas sobre el papel. Posiblemente a algunas personas les parezca una chorrada porque se tiene la creencia de que el futbolista solo debe dedicarse a jugar a fútbol, pero se debe tener en cuenta que para formarse como profesional ético hay que pensar también en otras cosas que no sea el verde. Escuchando un programa de Alejandro Dolina descubrí el término "diletante": conocedor de las artes o aficionado a ellas. Lo que viene a ser "aprendiz de todo y maestro de nada". Por mi experiencia recomiendo, además de ser un experto en un campo, ser un diletante compulsivo. Así es imposible aburrirse. Leer, aprender, viajar, conversar, escuchar. El hábito de la lectura se practica. Solo hay que encontrar el libro adecuado, y de un libro a otro vamos enlazando con temas que jamás pensamos que nos interesaran. Es imprescindible dejar de leer un libro que no nos gusta (este acábalo porque he sudado tinta para darle un aspecto presentable). Esa es la grandeza de las bibliotecas públicas. Es una manera de salir de la burbuja y ver más allá. Es una forma de viajar en el espacio y el tiempo. Pero a todo el mundo no tiene por qué gustarle leer. Para gustos los colores, pero siempre es mejor leer que aficionarse a programas de cotilleo. También es bueno aficionarse a ir a conciertos, al cine, a pasear, aprender idiomas... La interacción con personas de otros ámbitos es muy enriquecedora. Busca tu pasión.

Cuantas más actividades llamen tu atención, mejor. No te asustes si durante una época te interesa la fotografía; durante otra la política; o te acercas al arte o a cualquier otra cosa. Está bien, siempre no nos van a gustar las mismas cosas. Incluso puede que un día creas que no te gusta el fútbol. Lo importante es poder agarrarse a temas que no estén relacionados con el fútbol porque habrá días en los que no tendrás ganas de saber nada del balón y te tendrás que refugiar en algo que te dé placer. Agradecerás tener varios focos de atención. Aunque requiere de esfuerzo, participar como voluntario en asociaciones u oenegés es un buen chute de realidad para sentirse útil a la sociedad. Uno cree que con el fútbol hace feliz a mucha gente, pero leí una frase de Lucarelli, jugador italiano, en la revista Panenka que decía: «Una victoria puede alegrar (a la gente) uno, como máximo dos días. Poco más».

No te quedes quieto, ten inquietudes.

Cómo explicar un gol

Dicen que el gol es solo comparable a un orgasmo. Una comparación demasiado sencilla. A excepción del portero, todo jugador al entrar al terreno de juego sueña con marcar el gol de su vida, a diferencia de cuando se está en la cama, donde la mayoría de veces uno solo quiere dormir, que no es poco. La cantidad de gente que no consigue descansar con plenitud va en aumento. Según varias encuestas, un tercio de la población dice no descansar. ¿Imaginas que un tercio de los jugadores saltaran al terreno de juego cansados? Estoy seguro de que aun así tendrían ganas de marcar un gol o de celebrarlo. El gol es un éxito colectivo que se atribuye a un único individuo por razones burocráticas. El gol es la guinda del pastel. Puede ser un pastel con muchas guindas. Uno pone la guinda y todos se comen el pastel. Todos trabajan para marcar el gol, para defender su valor. No vale de nada meter si recibes (hablo de fútbol). No he escuchado una explicación convincente que explique lo que se siente al marcar un gol. Una palabra tan corta, un momento tan efímero, ¿cómo puede ser tan grande? Un gol feo no es menos que un gol bonito dependiendo del momento en el que se marque. Hemos visto a Filippo Inzaghi marcar goles horribles y celebrarlos como si fuesen auténticas obras de arte. Hemos visto auténticas obras de arte que no han servido para nada en directo. Luego en las repeticiones adquieren el valor estético que se merecen cuando dejamos de lado el resultadismo. Inevitablemente es más apreciado un gol importante que un gol bonito. También me acuerdo de uno de los mayores celebradores de goles de la historia: Gabriel Omar Batistuta. El delantero argentino ya tenía dentro de sí mismo "El espíritu de Arnal". No recuerdo verle celebrar un gol a medio gas. Es más, no le recuerdo marcando un gol y celebrarlo en solitario; tenía abrazos para todos sus compañeros, haciéndoles saber que ese gol era tanto suyo como de ellos. Viendo a Batistuta o Inzaghi celebrar un gol me cuesta compararlo con un orgasmo, ni en el porno más salvaje se puede fingir tanta excitación.

En las entrevistas, los jugadores, al ser preguntados qué se siente al marcar, no siempre encuentran las palabras exactas para describir tal sensación. En muchas ocasiones es complicado poner palabras a los sentimientos, pero la gran mayoría de veces es porque no tienen las suficientes experiencias fuera del mundo del fútbol para poder hacer un símil. Para superar está dificultad existen las metáforas. Aunque no sé yo si en estos tiempos de textos cortos y déficit de conversación se tenga la paciencia para escuchar metáforas. Andarse por las ramas está mal visto. Si lo puedes decir en catorce caracteres o en treinta segundos, mejor que mejor. Nos hemos tomado demasiado en serio algunos refranes como "lo bueno si es breve, dos veces bueno". Las metáforas no son únicamente recursos para adornar oraciones, las metáforas, muchas veces, son el único camino para poder explicarnos con una exactitud palpable. Sin ser conscientes utilizamos las metáforas en el día a día: Estoy hecho polvo; tocar el cielo con las manos; es un pozo de sabiduría; el tiempo es oro; es un monstruo. Estas solo son una pequeña muestra de metáforas. Para explicar de lo que es un gol las comparaciones podrían ser más útiles, pero aun así me voy a quedar corto.

No es la primera vez que intento explicar qué es un gol. Nunca he conseguido explicarlo como lo sentía. Ahora, después de más de ocho años de mi retirada, creo que tengo las suficientes experiencias y la distancia temporal necesaria para destripar la anatomía de un gol:

Cuando en 2008 decidí dejar el fútbol con veintiséis años recién cumplidos, llevaba meses realizando entrevistas de trabajo con la misma actitud que un turista tacha la lista de museos que ha visitado. Eso por la mañana, por la tarde iba a entrenar. Desde enero la decisión estaba tomada. Por aquel entonces jugaba en el Premià (tercera división). Después de darle un par de vueltas al asunto en mi cabeza – tampoco me estresé demasiado–, mi universo se alineó para llegar a la conclusión de que no quería ni debía jugar más a fútbol para ganarme la vida. Sin drama ni nostalgia. No hubo una causa traumática para llegar a esa conclusión. Fue un desenlace relativamente amable a una situación que para muchos supone una de las mayores decisiones en sus jóvenes vidas. Cierto es que desde que tomé la decisión hasta que conseguí el trabajo pasaron cinco meses en los que me ejercité como si no fuese a dejarlo para siempre. A pocos partidos del final de la liga anoté mis primeros dos goles desde que llegué en enero. Los dos de cabeza. En los dos goles me abracé con Dani Aranguren, un compañero con el que competía por una posición en el campo; también compartía coche de vuelta a casa. Es jodido competir con quien mejor te llevas de la plantilla. Siempre me ha ocurrido. En los entrenos andábamos juntos charlando mientras él, más alto que yo, me pasaba el brazo por encima de los hombros de manera fraternal. La parte buena es que cuando no jugaba yo lo hacía alguien a quien estimaba. Un mal menor. Pues recuerdo perfectamente lo que sentí cuando marqué esos dos goles. Me sentí vivo. Comprobé que aún podía ser útil al equipo poniendo la guinda del pastel como un *enxaneta* (es el niño o niña "casteller" que corona un Castell). Aunque aún quedaban partidos esa fue mi despedida. Lo único que dejé en las estadísticas de ese año. Nadie se acuerda de los kilómetros corridos, de las faltas provocadas, ni de las asistencias. Solo quedan los goles. Antes ya había metido goles en otros equipos, pero cuando realmente aprendí lo que realmente significa un gol fue en un partido entre mi equipo por aquel entonces — Alavés B — contra Gimnástica de Torrelavega. Fue un pase largo con ventaja para el portero, que salió del área, aun así, se lo disputé, con la fortuna de que erró y el balón le atravesó como si fuese transparente. Lo único que tuve que hacer fue empujar la pelota al fondo de la portería desde fuera del área. Evidentemente que no fue el gol más complicado de mi carrera, pero la reacción de mi compañero Ibai Rejas me recordó lo importante que es un gol. Se me acercó con una sonrisa kilométrica y me dijo: "Eres una puta máquina". En un principio solo sonreí, pero su expresión facial volvió una y otra vez a mi cabeza en el viaje de vuelta en autobús. Acabamos perdiendo ese partido, lo cual me dio mucho tiempo para reflexionar en la monotonía nocturna del trayecto de vuelta. Esa misma temporada en un partido contra el Marino de Luanco sentí lo mismo que Ibai con un gol de Xavi Molas –uno de los jugadores más especiales con los que he jugado junto a Roberto Merino– en los últimos minutos de partido. Le cayó un balón botando en la frontal del área y con su sutil pierna izquierda coló un misil parabólico por la escuadra convirtiendo la estirada del portero en un mero trámite. El sonido de la bota al impactar con el balón ya anunciaba que era gol, pero hasta que no entró no explotamos formando una montaña de hombres agarrándose a la vida. Más de diez años después sigue siendo el gol que más me ha emocionado en mi carrera. No era un gol que nos diera un título, ni tan siquiera nos acercaba a uno; ese gol era el premio en un partido difícil en un campo complicado; llevábamos semanas sufriendo un ambiente enrarecido tras unos resultados grises. Por cuatro duros estábamos haciendo decenas de kilómetros cada dos semanas. Muchos soñábamos con estar en categorías superiores; ese era nuestro último tren, y una temporada que empezó brillante se fue torciendo de manera agónica ante nuestra impotencia. Llevábamos meses sin cobrar y sin saber cuándo lo haríamos. Ese gol, en ese momento, fue la luz al final del túnel que toda utopía necesita para seguir andando. Ese gol lo marcó Xavi, pero ese gol era de todos. No creo que nadie envidiara a Xavi Molas por firmar tan soberbio gol. Estábamos tan unidos en ese charco de barro, que no nos importaba quien anotara. Solo queríamos salir vivos de allí. Era un gol de todos. Una y otra vez recuerdo ese gol como si estuviera en el autocar de vuelta reviviendo lo que acababa de sentir. Cuando felicitaba a Xavi era consciente de que estaba felicitando al lateral derecho, al portero, al entrenador, al capitán, al que nunca juega... Estaba felicitando al equipo. Gol es el equivalente a "éxito del equipo". Eso aprendí. Los goles son como los bancos y las farolas: de todos.

Un gol propio se siente durante unos minutos, pero el de un compañero dura más porque lo recibes como un regalo, y a todos nos gusta recibir regalos. Estoy seguro de que si hubiese preguntado a Xavi Molas qué nota se hubiese puesto en ese partido, seguro que se hubiese autoevaluado con un seis. Para mí sacó un diez por emocionarme de esa manera, por hacer que mi trabajo, nuestro trabajo, tuviese recompensa. Por poner luz a ese interminable viaje de vuelta mi piso en la avenida Gasteiz.

Escribiendo estas líneas me están entrando más dudas de las que soy capaz de responder. ¿Sienten todos los jugadores lo mismo al marcar un gol? No sabría decirlo. Hay sentimientos difíciles de explicar, y el gol es uno de ellos. Para saberlo se debería asaltar al goleador inmediatamente después de marcar el gol y preguntarle (creo que es más factible que un jugador publique un tuit durante el transcurso de un partido que lo que yo propongo). Es raro que ningún científico se haya molestado en hacer un estudio para averiguarlo. Aunque pensándolo bien, no creo que se pueda sacar ningún resultado científico capaz de explicar qué se siente al marcar un gol. Al fin y al cabo, cada gol es diferente. Como lo es para cada persona la experiencia del amor.

En una entrevista en la televisión argentina, Gabriel Omar Batistuta dijo que no se divertía nunca. Solo al final del partido sentía algo, especialmente si había marcado. Un gol puede hacer que noventa minutos lamentables se conviertan en una hazaña. Quizás haya sido una desfachatez atreverme a intentar explicar qué se siente al marcar un gol, pero alguien tenía que hacerlo.

La tecnología no solucionará nada

Cada vez se debate con más fuerza la introducción de la tecnología en el fútbol. Desde hace años se viene hablando de utilizarla para evitar el caso de los goles fantasmas. Vaya una chorrada. Ni que fuera lo más grave que ocurre en el fútbol. Se ha comentado tantas veces que he llegado a pensar que es una cortina de humo más. Se han añadido más árbitros, pero se ha demostrado que no es una cuestión de cantidad sino de... realmente no sé. Soy un ferviente defensor del uso de la tecnología para mejorar la vida de las personas, pero con matices. ¿De qué sirve el Whatsapp si luego somos incapaces de mantener una conversación cara a cara sin dar prioridad a las notificaciones del móvil? Una escena habitual es ver a un grupo de tres personas sentadas en una cafetería cada cual con la vista puesta en la pantalla de su teléfono móvil. Apuesto que están intercambiando mensajes con terceros. ¿Entonces qué hay que hacer para hablar con la gente que se tiene alrededor, no tenerlos cerca? Cuando lo absurdo se vuelve común a nadie sorprende. ¿Quién puede asegurar que con el ojo de halcón los arbitrajes rozarían la perfección? Escúchame: cuando los jugadores sean perfectos los árbitros lo serán.

¿Por qué son más aceptables los errores de los jugadores y entrenadores que los de los árbitros? ¿Acaso ellos no son deportistas? ¿Acaso no son parte del juego? ¿Acaso no son humanos? Estamos perdiendo el sentido común respecto a la profesión arbitral. No olvidemos que es una profesión. Incluso los IPhone fallan. Seamos serios. A nadie le gustaría ser corregido ante la mirada de miles de personas. Dicen que se debería utilizar un monitor para ver las jugadas conflictivas y rearbitrar en el acto. Y lo dicen sin ponerse rojos. Si son más importante las decisiones arbitrales que las estrategias de los entrenadores mal vamos. Basan sus argumentos en algunos deportes estadounidenses como el fútbol americano. Si los árbitros tuvieran el respeto del que gozan los árbitros de la NFL o la NBA podría tener sentido aplicar al rearbitraje, pero para eso queda mucho. Cómo si tuviese algo que ver con el fútbol que aquí conocemos. Para empezar no le doy mucha credibilidad a un deporte que se llama "foot-ball" (pie-balón) y se juega mayormente con las manos. Los defensores de la imitación del fútbol americano no ven más que un partido al año, la Superbowl, y no ven el partido porque se enteren de algo, lo ven porque Lady Gaga tira mucho. Pierden horas de sueño por puro *postureo*. Luego en todo el año no ven ni un solo partido más. También están abducidos por la moda de copiar todo lo americano. Solo hay que ver la proliferación de las hamburgueserías. No me extrañaría que aquí tengamos más variedad de hamburguesas que en los Estados Unidos de América. Lo que allí es pan con carne aquí se ha convertido en una religión *hypsterista*. Pasamos de las hamburguesas del McDonald's a un euro a las hamburguesas gourmet por diez euros que te sirven en los locales primos hermanos de los que venden magdalenas a tres euros (*cupcakes*). Con todas las cosas buenas que tienen los estadounidenses tratamos de imitar las más vulgares y venderlas como lo más. Solo hay que ver el cine americano que más vende. Too Fast Too Furious.

Hay partidos que acaban con empate a cero, sin ocasiones, sin valentía por ninguno de los dos equipos. Si a eso le tuviésemos que añadir la revisión de jugadas, deberían regalar sacos de dormir y pizzas al público. Vaya tostón. Los japoneses lo arreglarían rápido: el público dormiría en el estadio, y de ahí, por la mañana directos al trabajo. No sería nada nuevo para ellos. Siendo capaces de dormir en cualquier cajón... Quiero pensar que la gente tiene mejores cosas que hacer que invertir 4 horas en un partido de fútbol. Luego hay que ver lo difícil que es revisar una jugada y que todo el mundo acepte la decisión del rearbitraje. Nadie puede asegurar que la decisión final sea aceptada y metida en un cajón. Si ya cuando no se puede cambiar la decisión del árbitro, se rellenan programas analizando los errores arbitrales, después de ver diez repeticiones, con la comodidad de la televisión Full HD, somos incapaces de ponernos de acuerdo, imagínate el árbitro bajo la presión de un estadio lleno y todas las cámaras apuntando hacia él. Hay que ser estúpido para recriminar a un árbitro que se equivoque por centímetros en la señalización de un fuera de juego. Tenemos tan integrada la televisión en nuestras vidas que se da por hecho que la visión de los árbitros es igual de cómoda que la del telespectador. Hay errores que son técnicos, pero los futbolistas también cometen errores técnicos de bulto que pasan desapercibidos como puede ser un mal control. No veo programas enteros analizando malos controles.

La gente del fútbol está enfocando el debate desde un punto claramente erróneo. Cada vez que sale el tema a mediados de cada temporada, de manera cíclica, se sigue insistiendo en la instalación de una cámara en la línea de gol, en revisar las jugadas al instante, de más árbitros en el campo, de profesionalizar a los árbitros (parece mentira que no se dediquen exclusivamente al arbitraje a pesar de ganar un pastizal). En lo único que estoy de acuerdo es poner más árbitros, al menos once, así competirían tres equipos, aunque quizás debieran jugar en un espacio más grande, por ejemplo, en la pista de un aeropuerto. Solo es una idea. Ahora en serio: ninguna de las sugerencias mejoraría el fútbol. El fútbol no brilla por ser perfecto, sino por todo lo contrario. Es atractivo porque es imprevisible, aunque algunos se empeñen en tenerlo todo controlado para asegurar sus inversiones. Cuando David mata a Goliat el fútbol gana, pero la Banca pierde.

El principal problema del fútbol es que nadie respeta al árbitro como persona con sus errores y sus defectos. Cuando veo a los jugadores cargar tintas contra los árbitros de manera sistemática siento pena por ellos. Especialmente cuando lo hacen una vez pasado el encuentro, en frío. Antes de salir en público a insinuar que el árbitro les ha perjudicado, deberían ver si ellos han hecho un partido perfecto. Si es así, quizás, solo quizás, tenga sentido seguir llorando la actuación arbitral. Pero pongo la mano en el fuego que incluso aquel que ha marcado 3 goles, si analiza su partido, verá que ha cometido varios errores. Pocas veces se ha aplaudido a un árbitro, empecemos por reconocer la labor arbitral cuando lo merezca.

Si no se corrige la actitud de los futbolistas hacia los árbitros no hay nada que hacer. Pongan los medios que pongan siempre van a haber protestas si no cambia la relación entre público, futbolistas y entrenadores con árbitros. Ingenuos aquellos que quieren arreglar los problemas éticos con soluciones tecnológicas.

Abraza el cambio, bordea la depresión

El día después de ser futbolista no tiene por qué ser un drama. Es cierto que hay muchos jugadores que se sienten perdidos cuando se retiran, pero en ningún sitio está escrito que deba ser así. Yo calculo que uno empieza a pensar seriamente en la retirada dos años antes de hacerla efectiva. En muchas ocasiones es el entorno inmediato quien condiciona el momento de la retirada. Normalmente lo hacen con buena intención, como quien anima a su abuelo entubado en una camilla de hospital a seguir luchando por su vida cuando ya no tiene ni fuerza para abrir los ojos. Hay decisiones que debe tomar uno mismo porque nadie más va a sufrir las consecuencias. Hay que saber decir basta para tomar un nuevo camino. Yo creo que el mensaje que se le envía inconscientemente es falta de confianza a la persona fuera del entorno futbolístico. Sugerencias como "hazte entrenador" o "serías buen representante" son los más repetidos. Durante el tiempo previo a hacer oficial la retirada es posible cambiar de opinión tratando de auto convencerse de seguir alguna temporada más. No es raro el caso de jugadores que comienzan la pretemporada y no llegan a comenzar la liga (el entrenador y el club están informados de la situación del jugador, pero no se comenta al resto de compañeros). Es lo que yo llamo el último intento. Pero hay señales que indican que puede ser el momento de pinchar la burbuja del fútbol e iniciar nuevos caminos. Por ejemplo, cuando cuesta horrores ir a entrenar. El fútbol no es como cualquier trabajo común en el que la mayoría odia los lunes y adora los sábados. En el fútbol eso no es así porque quien aguanta años en la carrera disfruta cada entrenamiento. Un jugador que va el lunes a entrenar con la cara de un currela amargado no está en predisposición de competir a su máximo nivel. Este síntoma no siempre indica que se encuentre en el final de su carrera, puede que solo signifique que esté pasando por una mala situación, pero el fútbol son estados de ánimo. Cuando aún quedan años por delante no son graves los baches, pero durante los últimos años de carrera hay baches que uno ya no está dispuesto a superar. Con más trabajo y un poco de suerte pueden reconducir la situación. El asunto es saber cuánto estás dispuesto a sacrificar. Y cuando hablo de sacrificio no me refiero únicamente al futbolista sino a su entorno. Es como ser madre: no es lo mismo serlo con veinticinco que con treinta y nueve. El amor por la criatura es igual pero no las fuerzas para aguantar las noches de sueño irregular, los cambios fisiológicos, el nuevo estilo de vida. ¿Pasados los treinta y dos años cuántas molestias eres capaz de aguantar? Sin embargo, con veintipocos se juega, se entrena y se sale de fiesta al cien por cien, se aguanta todo. Las lesiones se recuperan antes y mejor, pero después de los treinta cambia el asunto. Cada lesión o molestia es una hipoteca física que cuesta más de pagar. Llevar al límite al cuerpo durante más de veinte años acaba teniendo sus consecuencias. Levantarse por la mañana como si te hubieran pegado una paliza no es lo más agradable en la vida del deportista. Batistuta, en una maravillosa entrevista, dijo que deseaba cortarse las piernas para no soportar el dolor.

La mejor retirada es planeándola a principio de temporada, pero anunciándolo pasada la mitad de la temporada. Aunque sea una decisión personal conviene hablarlo con la familia y amistades, no para pedir opinión sino a modo explicativo. Ten en cuenta que para algunas personas eres más futbolista que persona (así de triste). En esta sociedad capitalista pesan más nuestras profesiones que nuestras personalidades. En el caso del futbolista conviene explicárselo a la familia porque, después de ser el epicentro, se va a convertir en un miembro más. Poner fecha de caducidad es una buena idea porque es muy doloroso tener que dejarlo a causa de una lesión o por falta de ofertas. Sé que es duro tomar una decisión tan crucial para una persona que lleva desde niño respirando el fútbol desde dentro hacia fuera. No es el fin del mundo.

La gente tiende a tomar los cambios en las vidas ajenas como si fuesen el fin de la existencia. Recuerdo que una vez ya retirado, me despidieron de una tienda en la que trabajaba. Cuando se lo iba comentando a la gente me miraban con cara de espanto, como si estuviesen frente a un muerto. Me preguntaban con lástima qué iba a hacer con mi vida, como si solo existiese un camino. Con toda la naturalidad del mundo yo les contestaba que me iba a tirar por un balcón o que me iba a cortar las venas. Entonces se lo tomaban mejor.

Hay vida después del fútbol. Más duro debe ser para los artistas del circo cuando lo dejan. ¿Nunca te has preguntado a dónde van cuando se retiran? El exfutbolista tiene una fácil integración en la sociedad. Siempre habrá gente que quiera que juegue en el equipo de padres del colegio, de la empresa o del barrio. Es una buena manera de empezar. Jugar con veteranos ayuda a conocer gente. En principio, el interés es futbolístico, pero con el paso del tiempo eso queda en un segundo plano y la persona se come al futbolista. Los compañeros dejan de lado lo divino y valoran al humano. Muchos cuando se retiran necesitan un periodo de duelo. No inmediatamente. A veces uno intenta seguir manteniendo vínculos con el mundo del fútbol, pero no es sencillo ver los toros desde la barrera. De hecho, se puede hacer un símil entre la retirada del fútbol y la pérdida de un ser querido. En psicología se divide en 5 etapas:

-La negación. Durante esta etapa el individuo aún se siente futbolista. No existe una línea que divida nuestra vida en partes. La vida es como una bobina de hilo que tiene nudos en algunas partes, pero un día es indivisible de otro. El día después de retirarse del fútbol no es como el día después de la jubilación. Uno se retira por decisión propia, pero no es una decisión irreversible. Quizá llamarlo retirada es demasiado dramático, sería más correcto decir "cambio de sector" porque con treinta y pico años aún se tiene que trabajar. Si físicamente uno se encuentra en un estado óptimo, tantea la posibilidad de revocar la decisión y buscar un equipo donde disparar los últimos cartuchos con una menor exigencia física. Una posibilidad que no se comenta con nadie por poder parecer un tanto ridículo retirarse y querer volver. Si la retirada se produce al final de temporada se disfrutará del verano como nunca. Sin estar pendiente del teléfono a la espera de ofertas. Pero cuando empiecen las pretemporadas de los equipos es cuando el exfutbolista sentirá la necesidad de respirar el ambiente de un vestuario. Después de años, es normal. Para un futbolista estar en agosto en la playa es un fracaso. Tras el descanso veraniego, uno se encuentra tan bien que puede llegar a creer que se ha precipitado en tomar la decisión de retirarse. Es cuando más claro se tiene que aún queda fútbol en las botas. No es de extrañar que, en secreto, el exfutbolista se entrene por su cuenta para comprobar su estado físico. Siempre cabe la posibilidad de fichar por un equipo de un nivel bajo para quitarse el gusanillo del fútbol. Esta fase será observada por el entorno inmediato del jugador de una manera pasiva dejando que este se dé cuenta por sí mismo que el juego se acabó. Las películas de Rocky están muy bien pero el fútbol es otra historia.

-La ira. Cuando ya no es posible ocultar que el fútbol no volverá a ser lo mismo, viene la etapa de la reflexión y la regresión; se analizan varios capítulos de la carrera en busca de respuestas a preguntas como: "¿Por qué otros haciendo la mitad han llegado más lejos que yo? ¿Tan malo soy? ¿Por qué Dios me ha castigado con tantas lesiones? El fútbol es tan injusto. Si no tienes un padrino no llegas a ningún lado".

Aun sabiendo que es ley del fútbol nos sorprende encontrarnos en el mundo real. Siempre queda la sensación de poder haber hecho las cosas mejor. Incluso nos da por ver partidos que tenemos grabados a los que nunca habíamos hecho caso.

Si aceptamos que la ira es parte del proceso para entender el fin de una etapa, más o menos satisfactoria, podremos pasar a la siguiente fase con mejores garantías. No está de más hablar con compañeros que ya se hayan retirado sobre anécdotas, o escribir en un papel los mejores momentos vividos. Así veremos que no todo es tan malo como puede parecer inicialmente.

-La negociación. Durante esta etapa uno se promete cuidarse más tratando de volver a un bienestar físico superior sin lesiones. El futbolista tiende a ser un animal de competición. Adicto a la adrenalina. Un paso muy común es buscar refugio en otros deportes o actividades deportivas como el running, triatlón, spinning, etc. Llevar el cuerpo al límite es una necesidad aprendida, aunque hay otros que se dan más al yoga y el pilates como respuesta a años castigando músculos y articulaciones.

En esta fase las preguntas son del tipo: "¿Qué hubiese ocurrido si...?". Es una fase relativamente corta porque requiere de un esfuerzo en busca de soluciones para aliviar el vacío que deja la ausencia de una rutina deportiva exigente. Intentar arreglar el pasado desde el presente acaba por desistir y mirar hacia adelante. Por eso es importante conectarse con el presente y realizar tareas rutinarias que ayuden a la mente a mantenerse ocupada a la vez que sentirse útil para el entorno más próximo.

-La depresión. En esta etapa es cuando más incomprensión se siente. Es como haber estado en el espacio durante años viendo series en televisión y, de repente, ver que no eran series sino la vida real. El espacio que ocupaba el fútbol es más grande de lo que uno imagina mientras estaba en activo. Uno se da cuenta de que las dos o tres horas que dedicaba al fútbol en realidad eran muchas más. El contacto físico con los compañeros... y con los contrarios se echa en falta. Hasta que no lo pierdes no eres consciente. Es un vacío existencial necesario para cerrar la brecha que deja el fútbol en la vida del exfutbolista. Solo hay que ser paciente con uno mismo. Dejar de jugar a fútbol de manera profesional no es el fin del mundo. Quien aún tenga ganas puede ir a jugar con cualquier equipo de veteranos. Es una buena manera de disfrutar de la parte humana del fútbol, la parte en la que el resultado es menos importante que las cervezas. Yo mismo he pasado buenos años jugando con un par de equipos de veteranos. Fueron años maravillosos a nivel personal. Disfruté el fútbol como lo hacía de niño. A pesar de enfrentarme a equipos malintencionados, a nivel de vestuario –tanto en el Sant Miquel como en los Kubalas– pude irme a casa sin darle vueltas a las jugadas erradas. Mi aventura en el fútbol veterano no tuvo continuidad porque ya estoy empachado de fútbol, mientras mis compañeros estaban hambrientos.

-**La aceptación.** Llegados a este punto es cuando los malos recuerdos del fútbol se convierten en anécdotas que dejan de doler. Uno mira atrás y siente orgullo por haber intentado hacer las cosas lo mejor posible. La distancia temporal con los hechos, y la madurez, ayudan a tener una perspectiva más amable de varios hechos y, con el tiempo, muchos de éstos serán útiles para afrontar nuevas situaciones en otros ámbitos de la vida. Abrazar el cambio debería ser una regla grabada a fuego en el alma de cada persona. La vida es sencilla: naces y mueres.

El dinero no es infinito

Habrás escuchado cientos de historias de jugadores que se han arruinado por no llevar una vida ordenada, por fiesteros y derrochadores. Todas estas historias, en su mayoría, se basan en unos pocos casos –en comparación con la cantidad de futbolistas que hay– de jugadores que han acabado arruinados. Todas estas historietas me suenan a cuentos infantiles con moraleja final. La vida no es mucho más dura para el exfutbolista que para cualquier otra persona, pero se utiliza la táctica de las famosas telenovelas venezolanas de los años ochenta que tanto éxito tuvieron en España: los ricos también lloran. Es el tipo de anécdota que suelen contar los que aleccionan con el miedo como único argumento. Diría que la educación es la clave, pero decirlo es ya solo una pose, ya carece de significado. Cuando no se quiere hacer el esfuerzo de arreglar la sociedad, pero se quiere parecer una persona comprometida, se cierra el tema aludiendo a la educación en lugar de educar. No hace falta estar en un colegio o una academia para educar, basta con ser educado. Así de sencillo. Asustar a la gente no educa, sino que insensibiliza. A nadie espanta ver las imágenes que muestran en las noticias, *food&drama*. Supongo que también has visto las tenebrosas imágenes en las cajetillas de tabaco y aun así la gente sigue fumando, la razón es bien sencilla: los ejemplos son tan exagerados como los efectos especiales de la película Misión Imposible. Todo el mundo sabe que fumar perjudica seriamente la salud, pero también conocemos a mucha gente que lleva fumando la mayor parte de su vida y nada tienen que ver con las imágenes de los paquetes. La gente lo ve demasiado lejano como para sentirse temeroso por los efectos negativos del tabaco. Sería más disuasorio que en un anuncio apareciera un tipo sufriendo un ataque de tos crónica al levantarse por la mañana o un grupito de personas pelándose de frío mientras se fuman a toda prisa un cigarro y seguidamente se mostrase a un grupo de gente –sus amigos– en el interior del local disfrutando de la velada. O un anuncio que mostrara lo incómodo que resulta ir en el transporte público junto a una persona a la que le apesta la chaqueta a tabaco. Eso es algo realmente molesto que muchos fumadores no tienen en cuenta. Estoy siendo crítico con el tabaco porque es algo que me molesta mucho. No puedo evitarlo. Está en todas partes.

Volviendo al asunto del que nunca nos fuimos, un artículo sobre jugadores multimillonarios que se han arruinado solo vale para divertir al amarillismo de algunos medios o para tratar de advertir a jugadores multimillonarios que aún no se han arruinado. Un jugador que no maneja cifras tan altas va a leer esa noticia como quien lee los anuncios de pisos en venta de una inmobiliaria en el pueblo donde pasa las vacaciones. Muchos aficionados dan por hecho que la mayoría de jugadores acaban así al ver que de un día para otro ya no salen en la tele. El pensamiento generalizado es que si no se sabe nada de un personaje popular es que está en la ruina o en problemas. Puedo afirmar que los jugadores que se quedan arruinados son minoría. Claro que también tendríamos que definir cuál es la definición de ruina. No hagas caso a los que disfrutan hablando de ídolos con pies de barro, de juguetes rotos y demás calificativos comerciales. La mayoría de jugadores al retirarse se dedican a algo muy duro: a buscarse la vida como cualquier persona. De ahí a decir que están arruinados hay un mundo. Unos con más suerte, o acierto, que otros, pero como el resto de los mortales. La diferencia puede ser que durante unos años han ganado un sueldo más elevado que la media, pero también han vivido con unos gastos por encima de la media. Es difícil vivir gastando mil cuando ganas 4 mil. Quien diga lo contrario es un triste tacaño que no sabe lo que es disfrutar la vida. Otra cosa diferente es ganar 5 mil y gastarse 5500. Eso ya es ser estúpido. También ocurre, no lo vamos a negar. Yo no voy a decir cómo ha de gastar el dinero un futbolista porque hay casos de todo tipo, yo solo puedo hablar de lo que he vivido, y que quizás esté viviendo. Ni tan siquiera te voy a dar consejos de inversiones rentables porque no soy economista, soy de letras, o sea, pobre.

Recuerdo que en mis años fructíferos como futbolista profesional tenía unos gastos perfectamente evitables e incoherentes. Puedo decir que no era derrochador, pero sí que gastaba más dinero del necesario en muchas ocasiones. Incluso en esta vida de civil lo hago de vez en cuando. El dinero cuando se tiene se gasta y cuando no, se consigue. Aún hay gente que cree que tengo dinero guardado en las Islas Caimán (ni que fuera político). Por ejemplo, no me compré un coche escandaloso porque no lo veía necesario.

Tenía un Saab que me duró trece años. Antes tuve un Chrysler que regalé a mi madre. De hecho, me cambié de coche para regalárselo a mi madre. Cuando uno está tan agradecido a su madre nada le parece suficiente como agradecimiento. Ella no hubiese aceptado uno nuevo. Cualquier objeto material se queda corto cuando hablamos de una madre. ¿Era un gasto evitable? Sí, pero el dinero es para gastarlo, a ser posible bien. Como nunca habíamos tenido una casa nos metimos en una hipoteca. Aún estamos pagando la casa, pero un día será nuestra. Para nada me arrepiento. Si hubiese creído que me debía a una hipoteca no me hubiese retirado con veintiséis años y hubiese intentado seguir rascando un sueldo más alto que el de un trabajador medio (aunque cada vez era más difícil porque pocos clubes cumplían los contratos que firmaban). Cuando decidí retirarme no fue por motivos económicos. Fue una decisión que respondía únicamente a motivaciones (o desmotivaciones) personales. Nunca he tomado decisiones trascendentes en mi vida por motivos económicos. Es una manera de sentirme libre. Por el contrario, he tomado la mayor parte de decisiones perdiendo dinero apoyándome en un exceso de confianza en mis cualidades futbolísticas. No voy a negar que he tirado dinero de manera irreflexiva al no estar presente en algunas negociaciones o llevar las riendas de otras sin asesores. Pero no me arrepiento porque yo nunca pierdo, siempre aprendo. Es así. Solo pierdo cuando un ser querido muere, eso es lo único que considero una pérdida. *Man make the money, money never make the man,* decía LL Cool J en una de sus canciones. Lo tuve claro desde el principio de mi carrera profesional. Y todo esto se lo debo a las letras de Frank T, rapero zaireño español que me impactó a final de los noventa con su rap consciente. El rap solo fue el preludio de lo que los libros iban a significar para mí. He tenido la suerte de apoyarme en muchas aficiones, personas y cosas antes en lugar de hacerlo en el dinero. El dinero no es una columna ni un muro, a veces no es nada, no lo tocas, no lo ves y, a pesar de todo, sabes que lo estás gastando. Al dinero hay que amarlo en su justa medida; tratarlo bien pero no abrazarlo. El dinero te puede sacar de problemas, pero jamás te va a consolar.

Cuando jugaba en el Southampton, si un fin de semana no iba convocado (nunca iba convocado), y se me hacía imposible quedarme solo en mi apartamento, después del entreno del sábado corría a casa y buscaba un avión que saliera en unas tres horas hacia Barcelona. Tres horas era el tiempo que necesitaba para conducir hasta algún aeropuerto de Londres y coger el vuelo. Casi no me importaba ni el precio porque tenía el dinero. Me fijaba un límite de unos trescientos euros. Estos viajes eran para estar no más de treinta y seis horas en casa. Pero cuando tienes un amago de depresión y lo puedes solucionar con dinero, pagas por ver a los psicólogos, que son tus amigos, tu familia y tu ciudad. En un año podía gastar en billetes urgentes alrededor de mil ochocientos euros. Con planificación podía gastar unos novecientos, pero a veces los problemas más urgentes requieren de ese parche llamado dinero. Y la tristeza no se planifica. A mí me cuesta permanecer triste cuando lo puedo solucionar. Luego la realidad es bien distinta porque al volver los problemas siguen donde los dejaste, pero tienes más fuerzas para enfrentarlos. Para que te hagas una idea: para mí volar a casa era como para un alcohólico beber. Pero en mi caso me hacía más bien que mal. Alivio a la mente, castigo al bolsillo. Si hoy volviera a Southampton con diecinueve años, más de un fin de semana hubiese contado hasta tres antes de comprar un billete desde el ordenador situado en el ventanal de mi cocina y quizás, solo quizás, me ahorraría algún billete urgente. Decirlo catorce años después es muy sencillo, lo sé, pero si hubiese tenido la posibilidad de tener a alguien que me calmara un poco me lo hubiese tomado de manera diferente. Tenía dinero y mi hermana pequeña tenía tres años, verla tres o cuatro veces en diez meses hubiese sido ridículo. Alguien sin recursos económicos se hubiese conformado, pero el dinero hace que tardes más en conformarte. Pero repito que se podía planificar un poco mejor. Lo mismo me ocurría cuando estuve en Dundee, Escocia, pero mi presupuesto era bastante menor. Aun así, bajaba cada mes a casa porque necesitaba salir de esa ciudad. Me limitaba a no gastar nada en el día a día para luego poder viajar. Cuando jugué en equipos españoles era más sencillo volver a casa; solo tenía que coger el coche y circular. Ni *check-in* ni transbordo ni horarios. Me subía al coche, preparaba los CD's que tenía pensado escuchar y a la carretera. Es algo muy común entre los futbolistas. Si se está muy enfadado es mejor calmarse antes de meterse en un coche durante horas. Esas rabietas suponían gasto de gasolina y peajes. Además del peligro que conlleva conducir enfadado. Pero cuando más fácil fue viajar a casa, menos lo hice. El hecho de saber que podía estar en Barcelona con solo subirme al coche me daba cierta tranquilidad.

Una vez pasado el tiempo he aprendido a no pagar de más en ningún sitio, siempre comparo precios. No me verás apuntado a un gimnasio al que no voy a ir. Esos cuarenta euros mensuales suponen tirar cuatrocientos ochenta euros anuales a la basura. Por mucho dinero que a uno le sobre, es una estupidez. El exceso de tiempo libre, si no se sabe administrar, es un aliciente para comprar chorradas que no se necesitan. Yo mismo, en Southampton, durante decenas de fines de semana, me hice una colección de DVD's malos que no tuve ni a quien regalar cuando quise deshacerme de ellos. Fue la única basura que coleccioné.

Lo único seguro en la carrera del futbolista es que te vas a retirar y que te será más complicado mantener unos ingresos tan elevados como en el fútbol sin renunciar a parte de tu personalidad. Algunos lo consiguen, pero hay que ser realistas y asumir que la carrera de futbolista es una etapa laboral excepcional a nivel personal.

Lo que quiero decir con todo esto es que hay que aprender a no gastar de manera compulsiva basándose en lo emocional. Los publicistas lo saben. Tampoco vale la pena mirar atrás y contar los billetes que tiraste, es más rentable no malgastar el dinero hoy. Pero tampoco es cuestión de guardar todo el dinero y alimentarse a base de pan duro y agua. Basta con no llenar el armario de ropa que no te vas a poner, no comprarte un móvil nuevo cada año o llenar el frigorífico como si se acercase un periodo de cuarentena. Que haya espacio no quiere decir que deba ser ocupado. Siempre guarda más espacio para ti que para los objetos.

El dinero es lo más importante

La gran mayoría de niños sueñan con ser futbolistas y jugar un Mundial. Sueñan con jugadas maravillosas y estadios repletos. Sueñan con hacer historia y ser el número uno. Pero una vez se está dentro del mundo del fútbol, las aspiraciones dejan de ser tan románticas. Pocos pueden optar a ser el número uno y cuando te vas dando cuenta de que tú no eres uno de esos elegidos los objetivos tienden a ser más prácticos: jugar en Primera, ganar un buen sueldo, cobrar al día, tener equipo, no lesionarte, etc... Ni rastro de querer ganar la Copa del Mundo.

A mí me nombraron el mejor jugador del mundo en la categoría infantil en el año noventa y seis, desde entonces mis aspiraciones siempre fueron las más altas. Sin comentárselo a nadie soñaba con ser el mejor. A medida que me acercaba al mundo amateur iba viendo lo difícil que se iba poniendo el asunto. De acuerdo que yo jugaba en un equipo puntero, pero eso no era suficiente para no ver que cada partido era un obstáculo hacia el mundo profesional y mi meta de ser el mejor del mundo. Jugaba contra chicos que ni soñaban llegar a segunda B, pero superarles era un esfuerzo titánico. Me preguntaba: "¿Si estos me lo ponen así de difícil cómo debe ser arriba?". Para llegar arriba has de enfrentarte a gente que no se juega nada y contra gente que se lo juega todo. Me lo complicaban más los primeros porque eran más. A pesar de que notaba el temor y el respeto en sus miradas, pero a las primeras de cambio, dentro del terreno de juego todos éramos iguales, el cartelito de mejor jugador del mundo se esfumaba. En ese mismo instante tenía que renovar sus razones para temerme. Ellos tenían más información mía que yo de ellos, pero aun así puedo decir que no me encontré a ni un solo rival fácil de superar. De todos modos, la poca información que me daban acerca de los defensas a los que me enfrentaba no me servía de nada si yo no estaba fino. Por eso siempre me he centrado en los factores que puedo controlar como pueden ser la motivación, el estado físico y la tensión. Planteaba cada partido como si fuese a jugar contra el mejor equipo del mundo, imaginaba que me iba a encontrar a un Roberto Carlos, era la única manera de mantener la tensión alta. Era consciente de que necesitaba tener todos mis estabilizadores en valores altos. Muy pocos jugadores son capaces de rendir a un buen nivel estando por debajo del setenta por ciento de su nivel físico y mental. No sabría nombrar ningún jugador capaz de destacar sin estar al ochenta por ciento. Claro que eso no se mide. Hay que tener en cuenta que el fútbol de hoy en día iguala el nivel de los jugadores gracias al predominio de lo físico y lo táctico por encima del talento individual. Los aspirantes a futbolistas se imaginan rodeados de flashes y aficionados antes y después de los partidos. Pocos viven esa experiencia, que desde mi punto de vista debe ser gratificante porque la gente está pendiente de tu trabajo; y agobiante, por la cesión de parte de la intimidad. Evidentemente que los mejores jugadores se llevan toda la atención mediática. El resto pasa por detrás del crack mientras es entrevistado por la prensa. Yo he sido el jugador que pasaba por detrás. Ni los periodistas me conocían en Southampton. Si hubiese llegado a debutar tan solo veinte minutos hubiese tenido a la prensa preguntándome cómo estoy y ese tipo de formalidades. Cuando dejé de ser novedad me saludaban como saludaban al jardinero o al cocinero. De todos modos, no me puedo quejar, al menos he tenido la posibilidad de estar en algunos clubes que tenían cierto seguimiento de la prensa. No todos los equipos tienen la suerte de recibir regularmente la atención de los medios. Son ellos los que despiertan el interés del aficionado por un jugador o un equipo. No hay otra manera de llegar al aficionado. No importa en qué categoría esté el club, si la prensa informa la gente responde, aunque el equipo sea una castaña jugando. He aquí el porqué de la relación amor-odio entre los clubes y la prensa afín. Ambos se necesitan, se utilizan mutuamente sin ser lo que se dice socios. No es casualidad que se hable de "despertar atención". Se provoca la atención, se crea el interés desde los medios, muchas veces a petición de los clubes. Al final, la prensa es un vehículo que utilizan directivos, entrenadores, jugadores y representantes. Aquí los únicos que no utilizan a la prensa son los aficionados, los cuales son utilizados para extender el mensaje del medio. No es casualidad que cuando se hacen esos simulacros de encuesta en los alrededores del estadio pregunten incluso a señoras que no entienden ni la regla del fuera de juego. Al igual que a adolescentes campaneros con la testosterona por las nubes. Así se crea opinión, preguntando a cualquiera que pasa por allí, no vaya a ser que nadie entienda a los expertos. Cualquiera que utilice un vocabulario medianamente amplio en fútbol será llamado filósofo despectivamente.

La ilusión de muchos es hacer amigos allá donde juegan, pero cuando dejas de jugar te olvidas de muchos de esos amigos porque os conocisteis en un contexto concreto que nada tiene que ver con el mundo exterior. Lo que parecía una relación fuerte no lo es tanto, y te puedes pasar años en la misma ciudad sin ver a compañeros a los que has abrazado más que a tus padres. En el fútbol, más que amigos, se pueden hacer contactos. El interés y la necesidad prevalece al altruismo que requiere la amistad. A mí me hubiese gustado haber hecho más amigos, pero es complicado porque me costó encontrar a un solo jugador con mis mismas inquietudes. El asunto es que no mostramos todo lo que somos en un vestuario. Ha sido años después cuando he descubierto que tengo muchos intereses en común con compañeros con los que creí no tener nada en común. No se dieron las circunstancias para ello. Con diecinueve años ya estaba en Inglaterra cobrando un buen sueldo, pero sin amigos. Solo tenía un par; y con uno se enfrió la relación porque no le iban bien las cosas en el club. Hay compañeros que solo son amables cuando se ven por encima tuyo, las cosas cambian cuando son relegados a un segundo plano. Siempre ha sido así y lo seguirá siendo porque compites contra todos los compañeros de la plantilla. Nadie acepta ser menos que otro. Hasta el punto de mentir cuando dicen cuánto cobran. Los futbolistas son diferentes al resto de la gente; mientras que ves que tu vecino te llora porque dice que cobra cuatro duros a pesar de ganar más, un futbolista infla su sueldo para no sentirse menos. He escuchado a jugadores hablar de sus sueldos y he entendido porqué yo cobraba tan poco: ¡se lo llevaban todo ellos!

Estuve una temporada cedido en el Hércules de Alicante procedente del Southampton. Ni tan siquiera negocié la cesión. Me fui cobrando cerca de un cuarenta por ciento menos solo porque lo que me importaba era jugar para retomar mi plan de ser el mejor jugador del mundo. Me sentía fuerte, pero fue inocente por mi parte. Precisamente esa inocencia me dio el empujón para caer en lo que yo denominaba la cara B del fútbol (segunda B y tercera división). Para mí permanecer en ese pozo era el fin de mi carrera soñada. Tenía claro que no iba a retirarme con treinta y tantos en esos campos. Pues a diferencia de otros no supe leer la profesión de futbolista; estoy seguro de que todos los jugadores se imaginan jugando al más alto nivel. La diferencia entre unos y otros es que los románticos se desencantan, mientras que los prácticos se replantean nuevos objetivos, y se toman el fútbol como lo que es: un trabajo. Van a los equipos que les paguen más. No les importa el estilo de juego ni ninguna de esas cursiladas. Saben que deben ganar el máximo dinero posible porque el show se acabará para ellos, pero seguirá con diferentes actores. El futbolista práctico prioriza el sueldo y la solvencia del club a la hora de pagar; combinan el fútbol con algún otro empleo. Otros dan más importancia al club, la ciudad, el estilo del entrenador, etc. Incluso con una sola oferta sobre la mesa me informaba de la ciudad y buscaba qué jugadores había en la plantilla, las conexiones con Barcelona en avión. Perdí mucho dinero fijándome en asuntos a la larga secundarios. No me estaba enterando de qué iba el juego.

Cuando abandonas la profesión es cuando ves que has perdonado mucho dinero por haberle dado prioridad a unos valores estrictamente románticos. Seguramente una escala de valores demasiado personal para triunfar en el mundo del fútbol. Los artistas también padecen este desapego al dinero que no sé yo si a la larga es perjudicial. Cuando se dice que el corazón no entiende de razones se refieren a esto. Hay viajes en los que lo único que te puedes llevar es dinero. El fútbol es uno de esos. Al final de todo, solo importa el dinero que saques de una aventura sobre césped para dar los primeros pasos en el cemento.

Más solo que un lesionado

El hecho de ser futbolista profesional ya te convierte en un fenómeno a los ojos de los demás. Para recibir palmaditas en la espalda no hace falta ser un genio del balón, con no cometer errores de bulto es suficiente. Hay que tener en cuenta que los aficionados ven a los futbolistas como unos virtuosos capaces de hacer cosas que ellos solo sueñan. Muchos se conforman con apaciguar sus sueños de juventud echando pachangas con los amigos o con la PlayStation. En el fondo no dejamos de ser niños. Seguimos haciendo lo que hacíamos de niños sin más aspiración que divertirnos entre colegas. El fútbol de veteranos ve al profesional como algo secundario. He visto a grandes aficionados disputando partidos en la liga de veteranos mientras se estaba jugando un Barcelona-Real Madrid. Eso es pasión. Una pasión tan grande como la de los que lo dejan todo para después de ver jugar a su equipo por la tele. Incluso los hay que son socios de un club de primera división y no van a la mitad de partidos porque prefieren jugar en una liguilla amateur. Pesa más la necesidad de sentirse futbolista que la de ser espectador. Eso es tener el fútbol en las venas.

Cuando todo va bien el futbolista es un fenómeno, pero cuando de repente vienen las lesiones cambia el asunto; donde había un ídolo aparece un fantasma. Una lesión grave te borra del mapa automáticamente. Solo eres importante para los actores secundarios del vestuario: el fisio, el utilero y el médico. Estos son los únicos que se preocupan diariamente por tu estado de salud. Los demás no es que pasen de los lesionados, pero la competencia es tanta que cuesta no mirarse el ombligo. A medida que avanza el tiempo, la figura del lesionado de larga duración tiende a difuminarse entre el mobiliario del vestuario. Su situación se empieza a normalizar y todo el mundo empieza a olvidar que ese que hace ejercicio a un ritmo desacelerado solía ser una bala.

Cuando un jugador está lesionado durante mucho tiempo pasa a ser un aficionado con privilegios. Ya no parece tan fuerte. Cuando los ven con muletas es cuando muchos se dan cuenta de que ese al que tanto idolatran es un hombre como otro cualquiera. Por muy frágil que sea el aspecto del jugador lesionado, interiormente se está haciendo más fuerte (o más débil), lo que está claro es que cuando uno se lesiona algo cambia por dentro, y es irremediable.

Para el jugador es una bendición caer lesionado porque puede experimentar el valor de la vida mundana. Parece mentira que una lesión pueda llegar a ser tan saludable para el alma del jugador. A veces necesitamos estar solos, en la sombra. Los focos pueden cegar a cualquiera y distorsionar la realidad hasta el punto de sentirse invencible. No está mal fortalecerse bajo la tenue luz de la vulnerabilidad que significa estar lesionado. Quieras o no te apartas del frenético ritmo que conlleva jugar cada semana para ganar. Una vez superada la impotencia de no poder ayudar al equipo en el terreno de juego, hay que saber dar un paso atrás, hacerse fuerte y dejarse querer.

Decía Víctor Valdés (ex portero del FC Barcelona, el mejor portero de la historia), que cuando estuvo lesionado se dio cuenta de quienes eran sus verdaderos amigos. Eso solo lo sabe él, pero lo que yo puedo decir es que cuando uno se lesiona tiende a aislarse para evitar ser visto como una víctima. El orgullo es muy grande, y no es fácil recibir la compasión por parte de terceras personas. La ayuda solo la recibe quien se deja ayudar. Por muy fuerte que uno sea debe rendirse si quiere volver a transformarse en un prodigio físico. Más flexibilidad es más resistencia.

La rehabilitación es igual que cocinar: cada alimento requiere un tiempo al fuego que se debe respetar para alcanzar la cocción idónea. Algunas veces los jugadores y las urgencias del equipo nadan en la impaciencia de acortar plazos; los pequeños avances suelen saber a poco, y a veces el jugador sale crudo al campo. Me enfrenté a una lesión de rodilla que me tuvo apartado de los terrenos de juego durante unos ocho meses. La verdad es que ni conté el tiempo porque llegué a un punto en el que los días se medían en si me dolía más o menos. Pero de repente, un día recibí un balón e hice un control orientado con el que dejé a un rival clavado tras una arrancada con la que ya ni soñaba. Ese día me di el alta médica.

Desde el primer momento que me puse en manos del fisioterapeuta me mostré como una hoja en blanco, más bien como una libreta a estrenar. Todo lo que se me ordenó se convirtió en ley. Mi primer objetivo fue volver a doblar la rodilla tras unas semanas inmovilizada. Mi reto diario era doblar un centímetro más la articulación. Además, tenía que recuperar la musculatura del cuádriceps levantando unos ridículos doscientos cincuenta gramos de arena amarrados en mi tobillo. Podría haberme compadecido de mí mismo, pero si Iván (el *fisio*) me amarró al tobillo esa bolsa de un cuarto de kilo de arena fue porque era lo más conveniente para mí. En lugar de lamentarme por todo el camino que me quedaba por delante me centré en celebrar el camino que había recorrido hasta el momento.

El tratamiento, supervisado por el Doctor Cugat, lo realicé en un centro en el cual había más pacientes; solo otro también era futbolista, Jairo, un juvenil de Asturias.

Mezclarme con esa gente me sumergió en el mundo real de por vida. Había gente variada: desde un trabajador del metro a una jubilada que me preguntaba si Ronaldinho iba a ser un buen fichaje. Le dije que era mejor que fichar a Beckham. También teníamos a una cocinera que se hizo daño en la rodilla patinando. Todos estaban de acuerdo en una cosa: la lesión más grave es la de Jacinto. Pero yo veía a gente con dolores crónicos y varias operaciones que volvían cada poco tiempo a tratarse. Sin embargo, para ellos era más grave que un deportista profesional no pudiese ejercer su profesión. Yo los miraba, pero no quería estar en el lugar de ninguno de ellos, porque una vez que se recuperasen iban a tener que volver a sus trabajos más o menos excitantes. A mí, tras ese túnel, me esperaba volver a saltar al césped de la ciudad deportiva del Southampton, que era en realidad campos de fútbol en medio de un prado. Maravilloso. Mereció la pena el sufrimiento de tan lenta recuperación. Me llamaban la gacela azabache por aquel entonces, pero me estaba recuperando como si fuese una tortuga.

Cuando Iván me pedía que hiciera algún movimiento en concreto no lo dudaba ni un segundo a pesar de que sabía que me iba a doler horrores. Cada dolor era una tortura infernal que me acercaba a la tan ansiada recuperación. Yo le preguntaba si cabía la posibilidad de romperme. Me miraba, sonreía y levemente negaba con la cabeza sin dejar de sujetar mi pierna para controlar el mínimo movimiento. Mi respuesta fue confianza ciega. Mi grado de fidelidad hacia sus métodos fue tan grande que se ofreció a trabajar conmigo fuera de su horario laboral. Un día íbamos a un parque, otro a un campo de fútbol a poner a prueba mi rodilla antes de marcharme a Inglaterra. En el momento de mi vida que más solo me encontraba —porque la familia te puede ayudar hasta cierto punto, pero el nivel de soledad es tan profundo que pocos pueden llegar hasta allí —, Iván supo detectar mis carencias para no dejarme caer en la desidia y la desmotivación que acompañan a las lesiones de larga duración.

Estar lesionado es estar solo, pero siempre hay alguien dispuesto a acompañarte en esa travesía tan dolorosa como es ver el partido desde la grada; tan agónica como es tener que ponerse una bolsa de hielo cada día para rebajar la inflamación y el dolor; la impotencia de no poder contestar con certeza qué día volverás cuando te lo preguntan. La ayuda se presenta en varios formatos: una charla con un amigo, los momentos en familia tan escasos durante la temporada, sentarse en un banco para dejar descansar las muletas. Estar lesionado es estar solo, desnudo y sin respuestas. Cuando acabes de preguntarte «¿Por qué me ha tocado a mí?» estarás preparado para disfrutar de la recuperación. Y aprenderás que la pregunta debería ser: ¿Y por qué a mí no?

Las lesiones son mierdecillas

Las lesiones son para los futbolistas lo que las multas para los taxistas. Incluso peor, porque son imprevisibles y la mayoría de veces inevitables, llegan sin avisar y no se resuelven con dinero a diferencia de las multas de tráfico. Los futbolistas pobres y los ricos pagan de igual manera las lesiones: con tiempo. Un bien irrecuperable a pesar de ser infinito, pero el propio tiene fin. Las lesiones desbaratan cualquier plan a corto plazo. Crean impotencia porque por mucho que se quiera correr hay que cumplir unos plazos con muy poco margen de acortamiento. No hay microondas para ello. La paciencia y la disciplina son los mejores aliados junto a una rehabilitación decente.

El drama de las lesiones es no poder ni entrenar ni jugar. Es estar obligado a no ejercer tu profesión a pesar de estar bien para llevar la vida de cualquier persona que no sea deportista profesional. Por ejemplo, una rotura muscular duele unos pocos días, pero enseguida solo molesta al hacer ejercicio a un nivel considerable. Para cualquier otra actividad que no requiera un esfuerzo extremo no es nada. Pero, como el futbolista vive de jugar a fútbol, es un pequeño drama, aunque la lesión sea cosa de diez días, que es lo que se tarda en recuperar la gran mayoría de lesiones musculares leves más comunes. Lo que preocupa más es la posibilidad de recaer, de ahí que no sea extraño que el jugador retome la actividad un tanto timorato. Las recaídas suelen suponer un bajón anímico importante para el jugador. Volver a la camilla no es plato de buen gusto en esas circunstancias. Lo que provoca cierta angustia es no sentir un dolor fuerte, sino una leve molestia que no deja de amenazar. Cualquier trabajador por cuenta ajena estaría contento por tener una baja de diez días por una lesión leve.

Para un futbolista ver el fútbol desde la grada es como ver una película con el sonido apagado, o peor: como una película de sábado tarde. Llega un punto en la carrera del futbolista en el que es incapaz de ver un partido como un aficionado. Lo mismo les pasa a los cocineros que van a un restaurante. No lo pueden evitar. Creo que a esa actitud se le llama defecto profesional. Pues, ver un partido y estar de baja hace que el fútbol sea lo mismo que para el fumador que intenta dejar el tabaco. El carácter puede verse afectado a causa de la impotencia. Cuanto más se alarga la lesión, más grave se hace el problema. Sé que cuando se está lesionado es duro pero el tiempo me ha enseñado que la mayoría de lesiones son mierdecillas. Incluso las de larga duración.

La burbuja del fútbol abarca tanto terreno que, sin haber visto apenas mundo real, nos hace confundir un gaje del oficio con un asunto grave. No creo que vaya desencaminado cuando digo que la burbuja del fútbol es muy parecida a la política, en el sentido de que muchos políticos no han trabajado en nada que no esté relacionado directamente a la política; en concreto los políticos de base que militan desde las juventudes. Son adoctrinados con una visión del mundo reducida a una vida de privilegios. El futbolista profesional se nutre de los códigos del balompié desde niño, lo cual hace que su forma de ver el mundo esté condicionada por códigos que solo tienen cabida en torno a un campo de fútbol. Estos códigos están muy arraigados porque, de algún modo, se asemejan a la religión ya que se adquieren en la niñez. No es casualidad que las religiones busquen a sus afiliados en la niñez. La diferencia es que en el fútbol todo eso se absorbe jugando. Podríamos decir que la letra con juego entra. Es curioso que un juego pueda afectar tanto en nuestra forma de ver el mundo. Esa es la grandeza del fútbol.

La distorsión de una vida dedicada el fútbol es debida a la buena salud de los futbolistas en general. Como he dicho antes, el confundir un gaje del oficio con un asunto grave es aislarse de la realidad social. Seré directo: un asunto grave es un cáncer, no una rotura de ligamentos. Una lesión física no es una enfermedad. Es un daño físico sin más. Claro que fastidia, pero cuando tienes una lesión lo único que para es la actividad futbolística pero la vida sigue. En cambio, con una enfermedad la vida puede verse afectada en varios frentes. Sé que hay todo tipo de enfermedades, pero de entre las lesiones graves comunes del fútbol, pocas pueden equipararse a las enfermedades graves, las cuales también pueden padecer los futbolistas. Mientras se es futbolista es complicado aceptar que lo más leve que te va a pasar en la vida son las roturas musculares por muy grandes que sean.

Recuerdo lo mal que me sentaban emocionalmente las lesiones musculares, pero llegó un momento en mi vida en el que empecé a ver cómo seres queridos morían. Dicen que cuando empiezas a ir a entierros es cuando te conviertes en adulto. El cáncer lleva al límite a quien lo padece y a sus allegados, las enfermedades raras nadan en un océano de esperanza a la espera de un pequeño avance que nos acerque a su cura. La ELA, el Alzheimer, etc. A todas esas personas que las padecen, si pudiera, se las cambiaba por una rotura de ligamentos.

El fútbol como herramienta social

No es raro oír como los no futboleros critican al mundo del fútbol por su poca empatía con la sociedad. Yo soy uno de los que echa de menos un mayor compromiso por parte de jugadores y dirigentes. No pretendo que los clubes sean oenegés, pero sí que tengan un impacto continuo en la sociedad aún más potente del que tienen. Los clubes están dedicando, desde hace unos pocos años, esfuerzos para potenciar la responsabilidad social. Es algo muy común en los deportes estadounidenses. Por mucho que algunos quieran tratar a los clubes como empresas comunes, no es así. No es igual la influencia de Coca Cola que la del Valencia CF en la ciudad. Con esto no estoy diciendo que los equipos no sean empresas, porque lo son, pero son otro tipo de organizaciones en las que la relación con sus clientes y seguidores está más cerca de lo religioso que de lo empresarial. Si no tenemos en cuenta a algunas marcas de ropa —ya que muchas se asemejan en su relación con los equipos de fútbol— es raro que una camiseta con el logo o escudo de la empresa cueste más de setenta euros. Normalmente las camisetas corporativas son baratas porque el hecho de llevarlas ya beneficia a la empresa. El cliente hace de promotor, que menos que casi regalarle la camiseta. En cambio, en el fútbol (y otros deportes) ponen precios desorbitantes a dichas prendas. Les explican que es la camiseta oficial, que está hecha con materiales anti sudor, anti fuego y no sé qué más antis. El asunto es que el aficionado no se gasta cerca de cien euros para jugar a fútbol o hacer deporte, para ir a correr se pone una camiseta vieja. ¿Entonces qué sentido tiene comprarse una camiseta de fútbol de alto rendimiento para ir a ver un partido? ¿Me tengo que creer que no se pueden hacer réplicas con materiales más económicos y sencillos? ¿Tiene que ver con la popular frase que dice que el individuo es inteligente pero la masa es estúpida? Podría ser.

El fútbol está soportado principalmente por los millones de aficionados que nunca van a los estadios, aunque se les suele dar una sospechosa importancia a los que dan color a la grada. Me duele decirlo, pero el aficionado en la grada es solo parte del decorado. Son extras de una super producción. El día que salga más a cuenta crear al público de manera digital no dudarán en hacerlo cuando sea preciso. Los derechos televisivos representan la mayor inyección económica para los clubes de fútbol y, por ende, para la Liga. Y no me parece mal, ya que prefiero ver un partido por la tele. Igualmente entiendo que haya tanta gente a la que le guste ver los partidos en directo, tiene su lógica: el ritual prepartido, el bocadillo, el juntarse con personas con una pasión en común, la incertidumbre del resultado, las expectativas…la pasión. Los aficionados son necesarios. Pero son clientes que se arriesgan a llevarse un producto en mal estado después de haberlo pagado (parece que hablo de mi libro). ¿Podemos seguir equiparando al fútbol con cualquier gran empresa? Es un espectáculo imprevisible e irrepetible. Los aficionados son necesarios, pero lo recaudado en taquilla solo es una pequeña porción de la economía de un club. El dinero que generan los clubs gracias a los que se plantan frente a la televisión, el ordenador, leen los diarios o hablan de fútbol. Esos son quienes generan ganancias y repercusión a clubes y jugadores comprando camisetas, suscripciones a plataformas televisivas ya que ejercen de consumidores y de comerciales. El boca a boca funciona muy bien en el fútbol. La generación de contenidos es necesaria para dar al fútbol una trascendencia que en realidad no tiene. Se tiene la sensación de que si se habla mucho de un tema es importante. Pues no. Solo hay que ver la importancia que se le da al tiempo en las noticias. Con esto se consigue que hablemos del tiempo como si fuese algo realmente importante. El tiempo es el que es y solo podemos adecuar la vestimenta. Si pudiéramos cambiar el tiempo ya te digo yo que no le darían tanta cobertura en los noticieros. Con el fútbol pasa lo mismo, se hablan de temas alejados del aficionado y la sociedad. Que si Fulano ha subido un vídeo a su perfil de Instagram cantando, que si Mengano se ha hecho un tatuaje, que los otros dos han jugado a la PlayStation después de entrenar. Meter esas chorradas dentro de un espacio informativo me parece ofensivo.

Viendo la importancia que se le da a todo lo relacionado con el fútbol (espero que no le deis importancia a lo que escribo) no me extraña que alguno haya muerto por un ataque al corazón viendo un partido. No imagino un espectador sufriendo un ataque a causa de lo que suceda en una película que está viendo. Entonces, ¿es el fútbol un espectáculo cualquiera?

A veces he tenido la sensación de que para los clubes la importancia de los aficionados se reduce en confiar que estos traigan más aficionados y así tener más repercusión social. Una especie de relación piramidal. Cuando un equipo se encuentra en una situación límite –ya sea para ganar un campeonato o para no descender de categoría– recurren al truco de grabar un anuncio para atraerlos de forma masiva. El argumento es que necesitan su apoyo para afrontar el desafío...y la gente responde. La gente es tan buena. No importa si el equipo se va a jugar Rusia, allí viajará algún aficionado. Hasta el fin del mundo si hace falta. Los hay que se dejan la voz –y el bolsillo– animando a su equipo sin esperar nada a cambio más que un leve gesto con la mano que se puede traducir como un saludo. Al final se paga por sentir. Me gustaría ver cómo los clubes se dejan la voz por sus aficionados cuando estos lo requieran, mientras sus derechos laborales son pisoteados por el mismo gobierno flexible a la hora de sancionar el pago de la deuda con la Seguridad Social a los clubes. Es curioso ver cómo además se atreven a lamentar que el estadio esté a media entrada, como si las entradas fuesen gratis. Me hizo gracia ver a un jugador del Villarreal recriminar a los aficionados que abandonaran el estadio cinco minutos antes del final del partido. En medio de un partido no se le ocurrió otra cosa que encararse con la masa. Los dirigentes son incapaces de acordarse de aquellos que están pasando por una mala racha y han dejado de ir al campo por motivos económicos. El extraño caso de la empatía inversa: del aficionado al club. Es una muestra de la enajenación mental que sufren muchos aficionados al fútbol. Realmente los clubes podrían seguir adelante sin nadie en las gradas, no los necesitan.

El fútbol es uno de los mejores conectores entre dos niños que no se conocen. Al menos en mi caso así fue cuando llegamos a Barcelona. Fueron múltiples las veces en las que entablé amistad con otros niños teniendo como intermediario al balón. No hacía falta mucho más, solo preguntar si podía jugar. Yo y mi hermano, siempre juntos. Nosotros no necesitábamos a muchos más para pasarlo bien pero el fútbol nos ayudó a integrarnos en la sociedad catalana. Supongo que de un modo u otro hubiésemos hecho amigos, pero con un balón de por medio todo es más fácil. Solo era necesario ir al parque y pedirle a alguien jugar con ellos o ellos con nosotros si lo pedían. Lo normal era que aceptasen, aunque más de un niño prefirió jugar con la pared a hacerlo con nosotros. Eran pocos casos, pero se daban.

El marketing del miedo es tan efectivo que los padres temen por todo, especialmente por los extraños, cuando realmente las atrocidades las cometen familiares de las víctimas. A los chicos ya no les gusta jugar a fútbol en la calle porque prefieren hacer otras cosas. Sin embargo, cada vez son más los niños federados en las llamadas escuelas de fútbol. Ahora el futbolista es doméstico, por eso, más que nunca, los buscan en otras partes del mundo donde no es necesario dejarse el sueldo para arrancarle la sonrisa a un niño. Podríamos hablar de fútbol de laboratorio; cada vez los jugadores se parecen más entre sí. Eso de saltar en los charcos ha quedado en la prehistoria. A los autodidactas talentosos se les convierte en jugadores apáticos faltos de confianza en muchos casos. Cuando no pueden evitarlo, pasan de la lección, y en lugar de escribir siguiendo las líneas, le dan la vuelta a la hoja y crean su propia literatura. Cuando sale bien todo son halagos, pero cuando no... He compartido vestuario con compañeros con esa etiqueta, pero siempre he tenido la sensación de que se aburrían siguiendo las reglas, muchos acababan siendo irregulares en cuanto al rendimiento a pesar de tener un talento reconocido por todos. Se dice que "tener calle" es tener picaresca, pero para mí es tener imaginación a la hora de ejecutar las acciones técnicas, es no hacer las cosas de manera académica. Estas limitaciones en la formación disminuyen la posibilidad de la aparición de jugadores diferentes. Yo mismo era un jugador diferente porque tuve la suerte de empezar a jugar a fútbol con nueve años y no con cinco, o menos, como muchos niños. Yo antes de recibir clases de fútbol ya pasaba horas en la calle jugando con mi hermano y otros niños hasta que no podíamos más o teníamos que irnos a casa porque ya estábamos cerca del toque de queda y no queríamos que nuestra madre nos castigase sin salir. Aprendí haciendo lo que me daba la gana, nadie me decía cómo se tenía que regatear ni cómo rematar de cabeza, ni mucho menos como se hace una chilena; me bastaba con ver mucho fútbol en la televisión y escoger a mis propios maestros. Mi hermano y yo recorríamos la calle Valencia de Barcelona haciendo paredes hasta llegar a casa. Fue en el mundo profesional, al salir del Espanyol, cuando me domesticaron. Eliminaron de mí todo rastro del niño que fui. Cuando noté que no quedaba nada de ese niño callejero, dejé el fútbol (veintiséis años). Son los sacrificios que hace uno al recibir un sueldo. Por dinero baila el perro. ¡Guau!

En los noventa veíamos un par de partidos a la semana y los resúmenes de todas las ligas. Recuerdo que la información no era tan amplia, pero menos dispersa. Futbolísticamente nos llegaba lo mismo que a todo el mundo que quisiera consumirla. Nunca nos saciábamos. Ahora el acceso a millones de vídeos está al alcance de cualquiera que tenga un lugar donde conectarse, o sea, que todos nos podemos conectar a Internet porque tenemos las bibliotecas disponibles. Recuerdo que mi hermano y yo recibimos un vídeo de la escuela del Ajax, con regates y acciones técnicas. Nos tenías que ver en el parque con todos los regates en la cabeza listos para practicarlos. Nosotros mismos nos exigíamos aprender por el mero hecho de disfrutar del juego, no buscábamos competir.

El deporte en sí mismo es una excelente herramienta de integración social para muchas personas. Solo hay que ver que algunos campos de fútbol de la ciudad están llenos de latinos organizando liguillas. Aún mantienen la tradición de jugar en la calle a pesar de no ser niños ni aspirar a ser profesionales. Es algo más grande que lo mencionado, es juntarse con gente que está pasando las mismas situaciones que uno mismo; es más que conocer gente, que hacer deporte, aparcar todo a un lado y eliminar toxinas. A su vez se crean vínculos entre personas que sin la mediación de un balón no hubiesen ni intercambiado un hola; sin embargo, gracias al fútbol se intercambian abrazos. Es una simple y maravillosa cuestión de empatía.

La base del fútbol se encuentra en la naturalidad para crear relaciones entre aquellos que lo practican de manera lúdica. Incluyo, especialmente, a los clubes no profesionales —pero con mucha dedicación— por su labor social. Comprometerse a jugar en un equipo aumenta el compromiso grupal, el sentimiento de pertenencia positiva. Eso para muchos chicos es muy importante porque hay situaciones familiares realmente complicadas. Para los tímidos es un espacio seguro. Todo lo social que puede tener la práctica del fútbol se resiente cuando se llega al profesionalismo; en ese punto se borra todo el pasado del jugador y no se mira atrás para tratar de aportar algo al fútbol terrenal sin la necesidad de una marca patrocinando el evento. El fútbol que se esconde bajo una grasienta capa del lujo y el glamour.

No imagino mi vida sin haber jugado a fútbol, a fin de cuentas, como decía Sartre "somos lo que hacemos con lo que hicieron de nosotros". Yo hice amigos gracias al fútbol y me convertí en barcelonés gracias al fútbol. Cada persona tiene alguna experiencia que le ha ayudado a integrarse en un lugar, esta es la mía.

El desierto fuera de la élite

Cuando uno dice que es futbolista de profesión, la primera reacción de la gente es mirarle con más atención que la inicial y decir "no me suenas, es que no veo muchos partidos", o decir que te han visto jugar, aunque no sea cierto. Muestran curiosidad y admiración. Curiosidad, porque a mucha gente le hace gracia conocer a un famoso independientemente de a qué se deba la fama; y admiración, porque un futbolista es alguien que trabaja pocas horas, gana mucho dinero y hace lo que más le gusta. En apariencia. A esta profesión se le atribuye un estatus social que nada tiene que ver con la realidad. Por suerte.

Hay una diferencia abismal entre jugar en primera división y en segunda B y tercera división como la puede haber entre ir en moto y en bicicleta. La segunda división está lejos del glamour de primera, pero tiene más comodidades que las categorías que le quedan inmediatamente por debajo. No es para nada el mismo deporte; puede que las reglas, los balones... pero la repercusión es infinitamente inferior. En el fútbol ganas en relación de la atención que generas. No es tan fácil vivir del fútbol como lo era antiguamente. Los constructores, principales inversores, desaparecieron de los clubes a raíz de la crisis, dejando en el chasis a muchas entidades, teniendo estas que hacer una cura de humildad y volver a lo que antes fueron: entidades arraigadas a la comunidad. El fútbol que se encuentra en los escalones previos a la primera división es un cementerio de elefantes y a su vez la entrada de cachorros de león ilusionados con la posibilidad de dar el salto y salir de ese desierto. La relación entre sueldo y horas de trabajo les convierte, a pesar de todo, en privilegiados. Buen sueldo y pocas horas trabajando (esto no quiere decir que el trabajo no sea duro).

Cementerio porque para muchos en esas categorías se entierran las últimas posibilidades de ser una estrella de la primera división después de muchos años invertidos. Nunca se sabe, pero a cierta edad es complicado ser elegido para fichar por un club de primera. Hay tantos candidatos con la esperanza de llegar, que el sobrante se reparte por las categorías subterráneas con el objetivo de poder vivir del fútbol el mayor tiempo posible y en condiciones profesionales favorables. No deja de ser un sueño hecho realidad. El semiprofesionalismo económico no es más que un desierto de transición entre el mundo del fútbol y el mundo laboral común. Uno ya ve venir que le tocará currar como todos.

A pesar de ser profesionales intachables, no todos tienen contratos profesionales, sino amateur, que se justifica con gastos de transporte y vivienda. Aun así, se les exige como a estrellas. Un sueldo no siempre acorde con las condiciones laborales contractuales (no es raro que muchos contratos estén exentos de cotización, lo que significa que esos años no contabilizan en la vida laboral del jugador).

Cuando un club es de una ciudad pequeña es más probable que sea tratado por los aficionados como una estrella (aunque la fama no supere las fronteras del pueblo de al lado). En una ciudad grande uno aprende que no es más que nadie.

La mayoría de personas disfrutamos las vacaciones, pero cuando llegamos a casa descansamos de verdad. Pues el fútbol es así; todo el año puedes estar en un buen piso, una buena ciudad, un sueldo decente (en caso de cobrar al día, que es complicado cuando se es jugador profesional). Los futbolistas deben permanecer casi diez meses en un lugar que no es su casa, especialmente, si cada temporada cambia de equipo. diez meses en un hogar postizo, una jaula de cristal. Es una experiencia enriquecedora con unas condiciones atractivas. Todo esto lo digo basándome en los sueldos que perciben actualmente los jugadores de segunda a tercera división.

Para un mecánico de coches su profesión no es lo más importante del mundo, en cambio, cuando uno es futbolista es complicado mantenerse a un buen nivel sin tomarse la profesión como lo más importante del mundo. Únicamente porque te la estás jugando permanentemente, pero miro atrás, y veo que a nadie le importaba realmente nuestra profesión. Yo no jugaba en campos de cincuenta mil personas; como mucho quinientos... siendo generosos. (ocasionalmente algunos más). Me sorprende que nosotros – me incluyo–, los jugadores, nos echemos tanta responsabilidad encima. Y hay aficionados fieles en las categorías semiprofesionales. Gente que se deja la voz por un equipo de supervivientes que tienen más en común con ellos que con los jugadores de primera división. No es lo mismo profesionalidad que élite. La verdadera importancia es que de nuestro esfuerzo sacamos nuestro pan. La verdadera presión del jugador no es la opinión pública sino hacer méritos para tener un contrato la temporada siguiente. En estas categorías no son habituales los contratos de 3, 4 o 5 años, por desgracia (o por suerte) no existe esa seguridad. El fútbol tiene de todo menos estabilidad. Lo único estable es la incertidumbre. El aficionado lo ve como una profesión de ensueño, pero a nivel semiprofesional es poco más que un desierto con abundantes oasis. Cuando se permanece en la segunda B se está más cerca de la tercera que de la élite. Pocos están ahí de paso, cuando bajas al barro suele ser para quedarte; tú lugar arriba ya lo ha ocupado otro con la misma ilusión, o más, que tú. Cada día salen nuevos jugadores y uno ha de defender su parcela, pero ha de tener claro que es difícil sorprender cuando ya te conocen. Los quince minutos de fama en el fútbol son un suspiro.

El fútbol formativo es *fast food*

Supongo que mientras lees esto te estás acordando de un montón de cosas que has de hacer. Entiendo, tú tampoco te libras de este ritmo de vida tan frenético. Siempre andamos con más prisa que un camarero en un chiringuito de verano. Tenemos que recordarnos de tanto en tanto que cada asunto necesita su tiempo de cocción. Ahora queremos todo para ayer (pero nos lo piden hoy). Vamos de un lado a otro porque hay que cumplir unos plazos incluso cuando no es urgente. Es en lo que se ha convertido el fútbol. Nos hemos acostumbrado a vivir con esta inmediatez impuesta disfrazada de eficiencia y efectividad.

A pesar de fichar jugadores cada vez más jóvenes desde las cúpulas de los clubes exigen resultados a corto plazo, tan a corto plazo que ya no dejan que los niños terminen de hacerse en su salsa. Los pocos que tienen salsa. No es extraño ver como chicos de doce años se trasladan a otras ciudades para jugar en equipos de fútbol que les prometen que, con esfuerzo, podrán convertirse en jugadores profesionales. No les dejan madurar al ritmo que necesita un chaval normal. Ya desde niños están obligados a pensar como adultos, lo que es totalmente antinatural. No es algo únicamente que ocurra con chicos sudamericanos y africanos. Esta también es una práctica habitual con niños europeos. He vivido de cerca la situación de algunos compañeros que llegaban con trece o catorce años desde varios puntos de España para tener la oportunidad de llegar a ser profesionales algún día. Esta decisión requiere mucha valentía e ilusión. No me imagino con catorce años cambiando de ciudad, posiblemente me hubiese adaptado, pero es un cambio brusco para un recién adolescente. Una experiencia que está lejos de ser un camino de rosas. Los cuerpos técnicos de las canteras están tan presionados por conseguir productos de futuro que no tienen el suficiente tiempo para dar el cariño que quisieran. Por norma general hay muchos profesionales apasionados en la formación, pero en muchas ocasiones se encuentran en la tesitura de tener que escoger entre los intereses del club y de los jugadores. No es plato de buen gusto. Los clubes no valoran el esfuerzo de estos chicos en su justa medida, he visto cómo tras una temporada más de uno se ha vuelto a casa sin haber podido desarrollar todo su potencial. Se debería priorizar la adaptación como principal objetivo durante el primer año de estos chavales en el club. No solo se trata de encajar en el equipo, es encajar en la nueva ciudad, especialmente aquellos que vienen de ciudades pequeñas o pueblos. Es evidente que sí se sienten a gusto en la ciudad les será más fácil tener un rendimiento acorde a las expectativas generadas con su fichaje. Sin embargo, hay muchos factores de los cuales depende el rendimiento de un jugador en un equipo. Algunos de los más importantes son: la confianza (interna y externa) y las lesiones.

Cuando los chicos rondan los catorce años han de jugar regularmente porque se encuentran en una fase de muchas dudas a nivel personal. Empiezan a convertirse en hombres y ya sabemos que las hormonas necesitan expresarse. Es la única manera de que se sientan con confianza. Olvidemos eso de ganarse el puesto. Al club le conviene hacer participar al máximo número de jugadores y así construir el carácter del jugador y el equipo. El club no puede permitirse hacerles sentir como una mierda, de este modo solo se consigue que pasé varias horas al día pensando en volver a casa. Este deseo es más fuerte e intenso cuando el jugador vuelve a casa por Navidad. Volver a casa refuerza la mentalidad, es un respiro cuando se pasa tanto tiempo lejos de la familia, pero debilita cuando no se está pasando un buen momento psicológico.

En mi segundo año en Inglaterra decidí no coger las vacaciones de Navidad y me quedé en Southampton porque sabía que corría riesgo de no querer volver a Inglaterra. De la familia depende que el chaval vuelva con más o menos motivación. A las madres les cuesta más animarlos a seguir allí, ellas captan en la mirada si el niño es feliz o no, en cambio, el padre ejerce de *cheerleader* animando al chico y diciéndole que todo irá bien, porque entiende que es una parte del proceso para ser un gran jugador. Con esto no quiero decir que los padres fuercen a los niños a jugar contra su voluntad manipulándolos (aunque hay casos en que sí). Todos los padres reciben con los brazos abiertos a sus hijos al volver a casa, aunque sea para jugar en el equipo del pueblo.

La figura del representante alrededor de niños es un tanto perturbadora a pesar de las buenas intenciones de algunos. Da miedo ver cómo hemos asimilado que un niño tenga un representante. Yo con catorce años tenía representante. Si un chico empezara una frase diciendo "mi representante..." me asustaría, pero para mí era normal. Debía sonar de lo más pedante.

Me provoca rechazo la mercantilización de los niños como parte de un espectáculo, ver niños en un torneo de televisión con doce años poniendo esas caras tan serias me preocupa, me preocupa porque yo fui uno de ellos y vi como compañeros quedaron rotos mentalmente a temprana edad llegando a odiar al fútbol. A los niños no les basta con vivir la experiencia de vivir un campeonato como profesionales, para muchos equipos solo vale ganar. Acaban los partidos y ves a muchos niños llorando inconsolablemente. Parece que no están preparados para perder. Saber ganar y perder. Esa es la diferencia entre saber jugar y no saber. Si se acepta la derrota como parte del juego las posibilidades de disfrutar al cien por cien crecen exponencialmente. Dicen que los que lloran cuando pierden tienen carácter ganador, pero yo lo llamo tontuna. No he visto a Rafael Nadal llorar muchas veces, más cuando gana que cuando pierde, y creo que pocos deportistas tienen más carácter ganador que Rafael Nadal. Pero pondré un ejemplo más grande: Michael Jordan. Las veces que le vimos llorando fueron cuando ganó (aunque siendo manager le hemos visto llorar por perder, pero lloraba por sus chicos, no por él).

Los entrenadores de base cada vez están más preparados para formar a los niños desde el apartado físico al psicológico y viceversa, pero la inmediatez representa un abismo que cada vez está más presente en las escuelas de fútbol que, muy hábilmente, se dedican a acumular decenas de niños entrenando en espacios reducidos para aumentar sus ingresos. El fútbol requiere de espacio, los que han eliminado en la calle para que los niños acaben en los complejos deportivos que se han construido durante la crisis en beneficio de los especuladores. No se puede permitir que sea más importante la cantidad respecto a la calidad.

Un amigo me contó que a su hijo lo cambiaron de equipo por malo. El chaval jugaba en un equipo del pueblo, con sus amigos. Pero no era el mejor. Por lo visto al entrenador se le ocurrió la brillante idea –entiéndase la ironía– de pasarle del alevín A al B. Mi amigo no pedía que su hijo jugase todos los partidos, simplemente que siguiera con el grupo con el que comenzó. ¿Tan importante es ganar a estas edades? Se supone que uno apunta a sus hijos a este tipo de actividades para que haga ejercicio y socialice. ¿Qué están enseñando a ese niño apartándole de su equipo? No tengo la respuesta. Un formador que aparta a un niño de nueve años porque no tiene el mismo nivel que el resto de compañeros, me parece una persona tóxica e incapaz. El reto no debería ser hacer mejor a los que lo hacen mejor sino a los que no lo hacen también. Me recuerdan a los profesores que marginan a los alumnos menos aventajados dándolos por perdidos. Me dan pena. No hay reto más precioso que ayudar a una persona a mejorar. Si a ese niño se le ayuda a mejorar va a disfrutar más del juego, del estudio, y va a recordar a ese entrenador o profesor de por vida. Los adultos que trabajamos con niños debemos obsesionarnos con dejar una huella positiva en los niños.

Lo que aprendí de *Los Chicos de la Resi*

Todo el mundo conoce a los chicos de la Masia del FC Barcelona, pero en la Ciudad Condal hay otra historia de éxito cultivada bajo la dificultad que representa ser el segundo equipo de la ciudad —aunque no menos importante—. Por aquel entonces, en un edificio de la calle Gran de Gràcia: **La Residencia del Espanyol**. *Los chicos de la Resi*, como les llamábamos, eran escogidos desde todos los puntos de España con la intención de convertirlos en profesionales del primer equipo. En edad adolescente estos muchachos dejaban sus hogares con la ilusión de cumplir un sueño: ser futbolistas de élite. Durante mi etapa (1995-2001) pocos fueron los casos de adaptación absoluta por parte de los jugadores dentro del terreno de juego. Por algún motivo relacionado a la movilidad geográfica, pocos pudieron demostrar al cien por cien quienes eran dentro del terreno de juego. Llegaban y se ponían a entrenar como si llevasen allí toda la vida. La Masia del Barcelona no era un lugar mucho más familiar. Tengo entendido que muchas mañanas se tomaban el desayuno frío porque alguien se encargaba de hacerles el desayuno y dejarlo en la mesa. No sé cómo podía ser, porque yo desde los ocho o nueve años me he sabido preparar el desayuno sin necesidad de esperar a ningún adulto. Esta es una muestra más de cómo anular al futbolista sin necesidad. Si no les iban a servir el desayuno caliente, qué menos que enseñarles a calentarlo.

Raras veces nos paramos a pensar en el impacto emocional que puede suponer para un joven proyecto de jugador mudarse de una ciudad a otra. El cambio es más que notable cuando se pasa de una ciudad pequeña, o pueblo, a una gran ciudad como lo es Barcelona. La voluntad y la disciplina que requiere seguir estudiando es grande, especialmente cuando no se tiene encima la alargada sombra de los padres ejerciendo de lo que son. No debe ser fácil ser padre a distancia. Yo mismo siento que se nos escapan cosas en la educación de nuestro hijo al dejarlo con los suegros por las mañanas. No porque lo hagan mal, sino porque no tenemos el control. ¿Qué control pueden tener los padres sobre un hijo que empieza a fijarse más en los culos que en los libros? Lo único que pueden hacer los padres es confiar en sus hijos. Una vez que en la familia se decide que puede ir a probar suerte, solo queda confiar y enviar toneladas de amor. No es lo mismo que enviar a los hijos a estudiar fuera. Cuando van a estudiar van a trabajarse un futuro. Con más o menos esfuerzo lo consiguen, pero lo principal es que dependen de ellos mismos. En cambio, cuando un padre envía a un hijo a jugar a fútbol no sabe lo que le espera delante ni cómo va a afectar en sus vidas. Estamos hablando de una etapa en la vida de una persona que se empieza a formar intelectualmente. El club, por supuesto, tenía personal cualificado para hacer más llevadera esta etapa de las promesas. Pero no era la misma autoridad que pueden tener los padres por mucho que se esfuercen estos cuidadores. La educación, al final (y al principio), depende en un tanto por ciento elevado del entorno familiar. Y no me refiero a las materias que se estudian en la escuela, sino al apoyo que todos necesitamos cuando nos equivocamos o enfrentamos a situaciones nuevas.

Hay que tener en cuenta que un jugador de quince años para llegar al primer equipo le pueden quedar unos cuatro años como mínimo. Durante todo ese tiempo pueden pasar demasiadas cosas como para enfrentarlas sin la familia cerca. Cosas positivas y negativas. También es doloroso no poder tener a tu gente delante después de haber hecho un partidazo. Debe dar vértigo hacerse a la idea de estar en un nuevo entorno durante tanto tiempo para conseguir el objetivo. La parte buena es que cuando se hace algo que se ama no importa el esfuerzo que cueste. Esa es la razón por la cual invertimos tantos años de nuestras vidas en el fútbol. Es amor.

Los autóctonos teníamos ventaja respecto a *Los Chicos De La Resi* ya que luchábamos por nuestros sueños durmiendo en nuestras casas, saliendo con nuestros amigos de siempre y comiendo con nuestras familias. En cambio, ellos se dormían muchas noches mirando al techo y preguntándose "¿qué hago aquí?". De algún modo, salvando las distancias, no dejan de ser como los inmigrantes que llegan a un país siendo adultos, sin apenas contactos y con una clara desigualdad respecto los de nativos. Evidentemente que estaban más cubiertos en cuanto a vivienda y alimentación se refiere, pero debe hay un hilo de conexión en el que ambos, inmigrantes y *Chicos de la Resi*, sienten un desarraigo que durante las noches les hace sentir solos y abandonados. Eso es lo que sienten, pero en casa, no es raro que "se desee" el fracaso para tenerlos cerca. También volver a casa sin ninguna cabeza cortada es una presión común en ambos casos. Dentro del terreno de juego la adaptación era más natural, pero hay que resaltar que *Los Chicos De La Resi* pasaban más horas en clase que en el terreno de juego (pésimos terrenos de juego en aquella época). Algunos tenían que adaptarse al catalán en una edad bastante rebelde. No sé si alguien les felicitaba como se merecían por tan tremendo esfuerzo. El éxito de estos chicos yo no lo mediría por el nivel futbolístico alcanzado ni por los años de permanencia en el club, más bien apuntaría como éxito el mero hecho de haber salido del cascarón familiar en la etapa de los granos en la frente y los noviazgos apasionados para hacer la mili futbolística voluntaria.

Fracasar para ellos podría ser no dar el paso y lamentarse durante todas sus vidas. Estoy seguro de que todos ellos fueron recibidos en casa como el hijo pródigo. En cualquier caso, quedarse en casa es una decisión totalmente respetable.

Desde mi primer contacto con ellos a la edad de catorce años traté de ser lo más cordial posible con ellos para que no se sintieran menos que nosotros. No era fácil porque muchos sentían un complejo de inferioridad que no era atribuido a la calidad futbolística sino al desarraigo que sentían al estar en un entorno diferente al que estaban acostumbrados. Años más tarde un compañero canario me dijo por Facebook que llegó y flipó porque éramos unas máquinas. La realidad era bien distinta, Moisés, que así se llama ese compañero, tenía más calidad que la mayoría de nosotros, la única diferencia es que no conseguimos hacer que se sintiera como en casa. No porque vivir en la Residencia era depresivo, ni porque se hubiera mudado a mil quinientos kilómetros de su casa para vivir peor. Era una cuestión de desarraigo, no eran más que gajos de mandarinas insertados en una naranja. La gran mayoría de veces no tiene nada que ver con la calidad. Por algún motivo sentía dentro de mí la necesidad de naturalizar su estancia en el club. Nunca se me ha olvidado qué difícil es ser nuevo en cualquier lugar. Me hubiese gustado llevarlos a mi entorno, pero nunca tuve costumbre de mezclar a mis amigos de toda la vida con los del fútbol, se hubiesen aburrido en el Jamboree (discoteca música negra de Barcelona), aunque alguno si pudo disfrutar. Por suerte, otros compañeros sí les ayudaron a integrarse en la ciudad. Con el tiempo me di cuenta de cuánto se agradece no sentirse solo al llegar a un equipo. ¿Cómo se hace esto? Pues tan sencillo como no permitir que uno de los nuevos se quede sin pareja en los ejercicios de entreno. Si uno de los nuevos acaba estirando con el preparador físico durante los estiramientos en pareja, el equipo está fallando.

No recuerdo a ninguno de *Los Chicos De La Resi* con un carácter malo. Unos eran más tímidos que otros, pero en ese aspecto, los técnicos del Espanyol al menos trajeron buena gente. Lo que tengo claro es que para triunfar en el mundo del fútbol es necesario un porcentaje de egolatría más elevado del que yo vi en mis compañeros foráneos (punto a su favor). Ellos me enseñaron sin saberlo que el éxito es dejar huella en el corazón de las personas que comparten un tiempo contigo.

El lado bobo de la protesta al árbitro

¡Qué difícil es jugar a fútbol sin protestar! Se aprende desde niño. Incluso alguien tan parco en palabras como Messi protesta de vez en cuando durante el partido, claro que menos que otros jugadores, ya que su calidad es tan mayúscula que no necesita excusas. Nadie está conforme con el árbitro porque en esas décimas de segundo cada cual ve una cosa distinta. Los aficionados protestan porque desde fuera poco más pueden hacer para calmar –por decirlo de alguna manera– su frustración. Si los jugadores protestan cómo no lo van a hacer ellos; solo hay que fijarse en cómo cesan las protestas del público cuando el árbitro sanciona la acción de un jugador y éste la acata, para seguidamente disculparse con el árbitro de una manera apreciable (es curiosa esa costumbre de los jugadores al cometer una falta. Priorizan disculparse con el árbitro ignorando al jugador rival que han dejado tendido en el suelo. Es como si un tipo roba una cartera, aparece la policía y solo pide disculpas a las fuerzas de la autoridad y no al dueño de la cartera). Lo gracioso del asunto es cuando escuchas el motivo de las protestas, te das cuenta del desconocimiento que tienen muchos jugadores del reglamento. De los aficionados no me sorprende porque ellos no tienen por qué conocerlo al detalle, desde la grada o el sofá no pueden ser sancionados por el árbitro, pero cuando alguien admira algo, en este caso el fútbol, no está de más conocerlo un poquito mejor, aunque solo sea para interpretar mejor muchas de las cosas que ocurren en el terreno de juego. No me imagino un campeonato de ajedrez en el que el público proteste porque el caballo vaya saltando casillas formando una "L": Eh, ¡qué está pasando por encima de otras piezas!, ridículo absoluto. Sin embargo, los jugadores deberían conocerlo con la misma profundidad que un conductor las normas de circulación. El desconocimiento de una ley no te exime de cumplirla, dicen. No obstante, el futbolista adquiere una mecánica de autoconvencimiento que roza la psicopatía. Recuerdo una anécdota con un compañero de equipo que define con acierto la actitud de muchos jugadores cuando reclaman una falta o la protestan. Esto ocurrió en un desplazamiento en el autocar del equipo para jugar un partido de liga. Este compañero estaba hablando con su novia por teléfono tranquilamente cuando la conversación comenzó a subir el tono de voz, cada vez le veía más alterado, y decía: "Te he llamado antes y no lo has cogido –los ojos casi se le salían de la cara mientras gritaba en voz baja– (...) pues mira las pérdidas que no te enteras ni cómo va el móvil, te dije que a las 13h te llamaría y es lo que he hecho... pues ponte un Chispar XL... a mí no me culpes si no te enteras de las llamadas que recibes..." Colgó y le pregunté si la había llamado y me dijo "no, se me ha olvidado jejejejeje". Pues dentro del campo de fútbol ocurre lo mismo con muchos jugadores, yo también he sido de los que protestan porque al tener como característica la habilidad del regate típico del peso pluma, me solía llevar muchos palos. Aunque a veces era simple frustración por no estar rindiendo como me gustaría. No me sorprendía ni me mosqueaba por recibir faltas, me daba confianza frente a la incapacidad de mi rival para pararme. Mi principal causa de enfado era que el árbitro me acusara de fingir y provocar al contrario. Mis protestas eran de ese estilo, era una forma de defenderme ante la pasividad de muchos árbitros que tratan mejor al maleducado que a quien les habla con corrección, que era mi caso en la mayoría de ocasiones, aunque a veces abusaba de la ironía, eso les desquicia, pero, a diferencia de otros jugadores, conmigo sus madres no salían mal paradas. Una vez acabado el encuentro me centraba más en subsanar mis errores que obsesionarme con los del árbitro. Como la mayoría de jugadores, una vez acabado el partido volvía sobre mis pasos hasta llegar a las acciones en las que no había estado acertado. Buscaba por qué había fallado pases sencillos o había tomado algunas decisiones precipitadas. A sabiendas de no poder cambiar nada de lo ocurrido. Horas después de haber jugado necesitaba unos minutos de tranquilidad para reflexionar y tratar de corregir los errores en el próximo entrenamiento. Lo de fallar ocasiones de gol nunca me preocupó en exceso porque sabía que crear ocasiones era síntoma de hacer las cosas bien, luego tocaba definir. Los tiros más malos era los que metía, eso me daba mucha rabia. Pero no me obsesionaba con ello porque la finalización se puede practicar en el entrenamiento durante la semana. Después de controlar A, B y C sabía que llegaría D. Mientras, había otros compañeros que abiertamente depositaban sobre el árbitro el peso del resultado cuando perdíamos. A muchos jugadores les resulta más cómodo hablar de un error ajeno que de decenas de errores propios. Cuando un jugador quiere alcanzar su mejor nivel no puede basar el análisis postpartido en errores arbitrales. Uno debe estar por encima de la comodidad que da culpar a otros que pasan por tu vida en un momento puntual.

Sin embargo, llegué a ver en muchos jugadores el uso de la protesta como un elemento más de su juego. Era un arma más. No han sido pocas las veces en las que me han señalado una falta a favor y el contrario ha protestado de manera insistente al árbitro. Incrédulo me he dirigido a ellos y amistosamente les he dicho: "Sabes que me has dado", y con una sonrisa me han respondido más de una vez: "Ya lo sé, pero hay que meter presión al árbitro, ya sabes cómo es esto", ni corto ni perezoso alguna vez, harto, he respondido diciendo que no sé cómo es esto, pero su estupidez a mí sólo me carga de insultos racistas por parte de sus aficionados ganándome una fama de simulador que no me merecía. Normalmente me dicen que no *les coma el tarro*, pero yo sé que hablar con educación desconcierta a los defensas más agresivos. Este tipo de jugador suele mostrar una pasión desmedida incluso para protestar jugadas que les quedan a kilómetros de distancia. En ocasiones las quejas son para expulsar el exceso de adrenalina, pero en muchas otras se llegan a creer sus propias protestas porque desconocen el reglamento. No es raro que un jugador vea una tarjeta amarilla por una entrada peligrosa en la que no acierta a dar al rival, pero ha puesto en riesgo el físico de contrario. Eso es juego peligroso. Su argumento suele ser que no le ha tocado. Desconocen profundamente que el reglamento dice que jugar de forma peligrosa no involucra necesariamente un contacto físico entre los jugadores; si se produce contacto físico, la acción pasa a ser una infracción sancionable con un tiro libre directo o un tiro penal, en donde el árbitro deberá considerar detenidamente la probabilidad de que se haya cometido igualmente un acto de conducta antideportiva y que ponga en peligro a alguien (incluso a sí mismo). También tenemos a los que son amonestados tras una acción clara de sanción con tarjeta amarilla y para defenderse dicen que es la primera falta que hacen. Bravo campeón, un razonamiento pueril. En la misma categoría de infantilidad están los que dicen "¡he ido a la bola!", yo me pregunto: ¿Así que otras veces vas al jugador? Tener la intención de ir al balón debería ser una obligación, y en caso de no llegar se debería aceptar la sanción y punto. A nadie le gusta que le agredan sin posibilidad de tocar el balón. Por esta sucesión de acciones, sumadas a la caricaturización de los árbitros, a veces por méritos propios, se complican los partidos. Quien ha pisado un terreno de juego sabe que hay jugadores muy marrulleros que se dedican a embrutecer el partido y cuando el árbitro empieza a desvariar se acercan al contrario y dicen "qué malo que es el árbitro, nos está perjudicando a los dos equipos". Este tipo de jugador es tóxico. Encienden el fuego para decir que la culpa es de los bomberos que son unos inútiles. Conmigo no tenían la oportunidad de intercambiar comentarios. Estos jugadores suelen disfrutar en las ligas amateur creando el caos. Por desgracia es fácil intimidar al árbitro ya que las sanciones son de risa. El problema es que hay muchos matones que se dedican al fútbol sin importarles que una entrada suya a destiempo puede afectar en la vida laboral. No debe ser cómodo tener que comunicar a la empresa que estás de baja porque un tipo que no se jugaba nada te ha reventado el tobillo. Muy bien campeón.

El fútbol puede llegar a ser un lugar violento

Algo llamado racismo sacude a los medios deportivos cuando un futbolista de élite se convierte en la víctima. Los aficionados muestran su consternación solo cuando el Alves de turno se come un plátano en respuesta a un muchacho que, por lo que parece, se deja el cerebro en el colgador de llaves cuando va a ver su Villarreal. Esa no sería su primera vez.

He jugado varios años a fútbol y no recuerdo que en ningún campo alguien gritara "rubio de mierda". Bien podrían hacerlo todos aquellos que no se tiñen el pelo de rubio. En cambio, cuando hay algún jugador negro, árabe o latinoamericano sí que he escuchado mono, moro mierda o machupichu. Es curioso que quien lo dice, posiblemente, en verano se estire en una toalla en la playa para oscurecer su tono de piel consiguiendo acercarse al mono, al moro y al machupichu.

No me costaría nada encontrar a diez personas que hayan sido insultadas por su color de piel en algún campo de fútbol. Indiferentemente de la categoría. Tengo la sensación de que está todo permitido en los campos de fútbol. En las gradas y en el césped. Mientras dentro del campo se te acerca un rival a susurrarte que eres un mono de mierda y un puto negro, en la grada te lo dice el imbécil de turno a grito pelado. Por suerte no son mayoría, pero ¿los espectadores que se encuentran al lado no se sienten agredidos por el lunático? El fútbol es un submundo en el cual la ética no es necesaria.

No hablo de boquilla. He sido insultado por toda una grada al grito de mono en varios campos, pero una anécdota me dejó marcado allá por 2004. Fui como jugador del Alavés B a un campo que no creo conveniente nombrar. La grada encontró un objetivo al que desestabilizar con sus insultos. A mí. Cometieron el error de no saber que provocaban en mí el efecto contrario. A mí no me dolía que me insultaran porque contaba con ello si las cosas se ponían feas para el equipo rival. El mal trago de la situación fue que mi pareja estaba en la grada con mi hermana, rodeadas de energúmenos llamándome de todo. A pesar de haber una niña negra no se cortaron de seguir con el paupérrimo espectáculo. Al finalizar el partido me encontraba en compañía de mi pareja y mi hermanita, cuando un señor con dos niños se acercó a decirme: "Todo lo que tienes de cabrón lo tienes de bueno". Mi novia alucinaba porque resulta que ese tarado había estado a escasos metros de ella soltándome todo tipo de insultos durante el partido. Evidentemente estaba muy enfadada después de todo lo que tuvo que soportar. Ni en el peor de los casos se esperaba un ambiente tan violento. Lo que más rabia le doy fue el cinismo de ese señor al venir a felicitarme por el partido. Algunos lo verán como un gesto deportivo, pero para mí es como darle un puñetazo a alguien a propósito y luego disculparse.

Una vez que mi novia me puso en contexto, el señor me dio lástima en diferido. Aún recuerdo la situación y veo a un pobre diablo que no ha entendido el juego. Su principal objetivo, por encima de animar a su equipo, era desestabilizar al rival. Ese hombre no era diferente a muchos de los aficionados que acuden a los estadios del fútbol de élite. La diferencia entre primera división y el fútbol modesto es que en los estadios con poco público oyes todos los insultos y ves todas las caras. Y siendo negro, la mayoría de insultos, cuando los había, que no era siempre ni mucho menos, eran aludiendo a mi color de pie. No recuerdo que nadie me haya llamado feo, enano o flaco. Cuando he decidido rebelarme contra esos insultos racistas se me ha pedido calma por parte de mis compañeros. Yo no quería calma, quería apoyo en mi guerra contra el racismo. Aunque este comportamiento juega en contra de mis rivales porque cuanto más hostil es el ambiente, más me crezco. No es buen negocio alimentar a la bestia.

Los aspectos más asquerosos del fútbol los vivía dentro del terreno de juego. No era fallar un gol, no era perder, no era jugar mal. Era ver como los rivales se dirigían al árbitro llamándome "el negro este de mierda", "al negro le voy a matar" o simplemente "¡¡¡negro!!!", entre otras lindezas. El árbitro no les amonestaba ni les advertía verbalmente –algo que hubiese sido insuficiente–, sino todo lo contrario, me amenazaba con echarme. Era tan habitual la escena que nadie se alarmaba, ni compañeros ni rivales. La única reacción por parte de mis compañeros era pedirme calma y que pasase de los insultos. Por supuesto que me negaba a calmarme. Bastante calmado estaba para lo que estaba ocurriendo. En estos casos, el árbitro se convertía en un rival. No me podía dejar expulsar para no satisfacer a mis rivales. No era tarea fácil, pero tenía que hacerlo por mí. La indiferencia de muchos de mis compañeros no era más que un reflejo de la sociedad. Rebelarse es la excepción. A la hora de la verdad, la indiferencia es el más común de los estados mentales. Por eso hay tanta gente que necesita de estímulos como el fútbol. No digo que todos los aficionados al fútbol sean así, pero los hay a los que todo les da igual excepto que se metan con su equipo.

Aunque me molestaba más que me dijeran que solo es fútbol, que no me lo tomase tan a pecho. Ok, ¿se lo explicas a la mujer de ese futbolista? ¿A su madre? Las palabras no son inocentes. No tomárselo en serio es como ver que se quema la casa de tu vecino y marcharse sin llamar a los bomberos esperando que se extinga por sí solo. En realidad, es lo más cómodo. Hay muchas personas a las que lo único que les preocupa es que no se queme su casa, cuando es la casa del vecino graban con el móvil mientras comen palomitas. Luego le dicen al vecino: "Tranquilo, no te lo tomes a pecho".

Me sorprende la poca paciencia de los padres blancos cuando ven jugar a sus hijos. Cada poco tiempo aparecen vídeos de padres peleándose en la grada por... nadie sabe por qué. La verdad es que no encuentro motivos de peso para pelearse en un partido de niños. Pero si mis padres no lo han hecho después de escuchar comentarios realmente desagradables no sé quién puede. Hay que decir que puntualmente, aunque no era raro escuchar comentarios sueltos. Suerte que yo no jugaba de defensa, de ser así hubiese sido el centro de los insultos, pero, sin embargo, siendo de los que más patadas recibía, acababa siendo acusado de fingir; algo totalmente falso.

Me fastidia decirlo, pero el fútbol es un lugar violento. En el césped y en la grada. Hay que reconocerlo. A pesar de que hay muchos momentos agradables, más que violentos. Pero es un tipo de violencia no explícita en muchas ocasiones. Es la forma en la que los jugadores se dirigen al árbitro; es cómo los aficionados protestan las decisiones arbitrales sin tener la certeza de lo que ha pasado ya que, en vivo, y desde tan lejos, es complicado saber si fue o no fuera de juego; es la poca deportividad que es simular faltas y lesiones; es el insulto gratuito con la intención desestabilizar, al contrario. No tengo la fórmula mágica para hacer que un partido de fútbol sea únicamente un espectáculo. Aunque los propios futbolistas dicen, sin ningún rubor, que quien quiera espectáculo que vaya al circo. Hay que tener cara para decir eso. Es como si Ferran Adrià dijera que quien quiera comer que se vaya a un Bar Manolo. Por suerte he salido vitoreado en campos rivales como el Rico Pérez tras marcar dos goles al Hércules en mi debut en segunda B con el filial del Espanyol. Hay que dejar tiempo al cerebro para recuperar los mejores recuerdos, pero no es fácil.

El árbitro: ni juez, ni policía... toro.

Me hubiese gustado dedicarles más líneas a los árbitros. Me parecen unos personajes dignos de estudio. Los vemos como rivales de los futbolistas, como una piedra en el camino de ambos equipos. Deben estar hechos de una pasta especial para querer exponerse de esa manera. Quieran o no son protagonistas. Hoy en día los árbitros son como la policía: todo el mundo los critica, pero sabemos que sin ellos la vida sería un caos. Sin policía los amigos de lo ajeno robarían bolsos, coches, casas, dinero y vidas. Los que se creen reyes de la calle circularían a 150 km/h por el centro de la ciudad con absoluta tranquilidad. Con más acierto o menos, la policía es totalmente necesaria. No vivimos en un mundo en el que seamos capaces de convivir sin conflictos. De hecho, una buena convivencia consiste en resolver conflictos. La vida sin conflictos no es vida. Los necesitamos para superarnos como personas. Un mundo perfecto sería demasiado aburrido como para querer permanecer en él. Por suerte todos tenemos puntos de vista diferentes. Y de eso nos enriquecemos. De las diferencias.

El problema se presenta cuando no conseguimos llegar a un punto común en la forma de ver o interpretar los mismos hechos. Donde uno ve falta el otro no ve ni contacto. De los fueras de juego ya ni hablemos. No es posible realizar un partido de fútbol sin árbitros. Los árbitros lo saben, saben que son imprescindibles. También se suele decir que los árbitros son jueces; concretamente a los árbitros que se dedican a dictaminar si es fuera de juego o no se les llama jueces de línea. Más que jueces yo los veo como guardias urbanos. Solo se dedican a sancionar las infracciones, nada más. Evidentemente que se equivocan, ¡cómo para no equivocarse en esto del fútbol con la cantidad de matices que existen a la hora de interpretar el reglamento ante la complejidad de las acciones! Es muy difícil saber si hay contacto en milésimas de segundo debido a la teatralidad de los futbolistas y los límites de la percepción del ojo humano.

El problema principal de los árbitros no es la dificultad de acertar o no, sino que hayan permitido que se cuestionen sus decisiones sin tomar medidas. En eso la policía tiene más tablas que los árbitros, por norma general, no permiten que les griten en la cara cuando están sancionando una infracción de tráfico. Sin embargo, en el fútbol los árbitros hacen la vista gorda creyendo que hacen un bien al espectáculo, cuando lo que realmente hacen es normalizar una conducta totalmente contraria a los valores del deporte. Pero me da que los árbitros no se sienten del todo incómodos con las cosas como están. No los veo quejándose.

Analizando fríamente, el árbitro no es ni un juez, ni un policía: es un toro. Muchas veces me recuerdan a los toros en San Fermín. Solo es necesario tomar una decisión controvertida para verse rodeados por una maraña de jugadores en busca de una explicación o rectificación imposible. Solo les falta el diario enrollado y pegarle en la espalda al colegiado como los corredores en los encierros. Aun así, la situación deber ser parecida a lo que vive el toro en Pamplona. ¿Y cuál es la reacción del animal? Soltar cornadas a quien pilla por delante. En muchas ocasiones los árbitros actúan exactamente igual al verse asediados por los jugadores; lo que un policía resolvería con porrazos, ellos a tarjeta limpia. Muchas veces los jugadores amonestados no son los más activos en las protestas, pero es la única manera de disolver a los manifestantes. El toro no busca a nadie en concreto, solo busca la salida y se lleva por delante a quien haga falta. Al final no es más que un pobre toro atrapado en un callejón corneando como un desesperado para sobrevivir a las embestidas de los jugadores.

¿Por qué jugamos?

Me encontraba corriendo con mi hijo alrededor de una mesa, como solemos hacer muy a menudo, el juego no iba más allá de perseguirle sin ningún objetivo. No se trataba de polis y cacos ni nada parecido, solo corríamos. Ambos reíamos. Yo porque él reía y él porque estaba corriendo. Entonces me di cuenta de que cuando somos niños hacemos cosas porque nos gusta hacerlas, no porque nos hayan dicho que es divertido. Me sentía bien corriendo porque él me hizo recordar que correr por correr es un placer, como lo puede ser beber agua en un día caluroso. Es una necesidad olvidada. Y no me refiero a hacer running, eso es otra historia. Hablo de correr sin contar los kilómetros ni medir el tiempo. Hablo de correr como cuando éramos niños. De hecho, el niño nunca se va de nosotros, simplemente nos esforzarnos por no dejarlo asomar por miedo a parecer inmaduros. Observo continuamente a mi hijo, por eso no le interrumpo cuando juega, no le sugiero nada si veo que se está divirtiendo o está entretenido. Aprendo cosas de mí a través de él. Con la edad que tiene (3) estamos más para acompañarle que para guiarles en sus juegos. No tenemos derecho a mermar su imaginación haciéndoles ver que una pinza no es un cohete; será lo que él quiera que sea, ya que es su imaginación. Cuando somos niños tenemos la necesidad irreprimible de jugar, de correr, de saltar. Necesitamos expresarnos físicamente de alguna manera. Jugamos.

Cuando entra una pelota en escena tenemos la necesidad de hacer algo con ella. Los culos gustan porque son redondos. Nos seduce a niños y adultos. Pocas curvas son tan atractivas como las de una circunferencia. Si un adulto cruza por una plaza, cae una pelota a sus pies y no hace nada por tocarla, pueden ser dos cosas: o está preocupado por algo o físicamente está muy mermado. No encuentro mayor explicación a evitar el contacto con una pelota. Aunque no se haya sido un enfermo de la pelota cuando niño, una pelota nos recuerda a la infancia. No hay infancia sin pelota. Tocar una pelota es volver a la infancia por unos instantes. Por muy dura que haya sido la infancia, siempre es un lugar con buenos recuerdos. Ser niño es un tesoro que se nos escapa de las manos. Una vez vivida la infancia solo nos quedan los recuerdos cada vez más vagos. Ver a nuestros hijos u otros niños es una forma de recordarnos que hubo una época en la que corríamos porque nos hacía feliz, no por evasión. Respondíamos a un impulso.

¿Y por qué jugamos a fútbol? En realidad, no es por el éxito, la fama, el dinero o la superación. Jugamos porque queremos alargar la infancia. Queremos seguir jugando porque jugar nos hace felices. Ganemos o perdamos somos felices. Cada salto, cada carrera, cada toque de balón, cada salto, cada fallo nos hace felices. Nos hace felices el sonido del balón. Es escucharlo y encender una luz en nuestro interior. Disfrutamos del sonido de un buen golpeo de balón. Jugamos porque, a pesar de ser conscientes de que no siempre vamos a ganar, tenemos la ilusión de hacerlo mejor que la última vez. Aunque el resultado sea lo importante, muy dentro del futbolista se encuentra la satisfacción de pasar un rato con gente que tiene algo tan fuerte en común como es el fútbol.

Por muy serios que se pongan algunos, no deja de ser un juego. Y desde el más competitivo, al más conformista, lo que quieren es jugar, aunque no solo sea un juego. Pero lo olvidamos muchas veces. Cuando un entrenador dice a sus jugadores que salgan a divertirse no está haciendo uso de una frase hecha, sino que literalmente está diciendo a los jugadores que si no disfrutan no van a sacar lo mejor de sí mismos. Es lo que tiene jugar, a veces hay que divertirse. Y eso complicado. El sufrimiento está sobrevalorado. Javier Mascherano, jugador argentino, decía que sufría el fútbol. Me dio lástima que pueda haber más gente con ese sentimiento. Aunque creo que, quizás, se está confundiendo el esfuerzo con el sufrimiento. No es lo mismo. Por ejemplo, los esclavos trabajaban en unas condiciones durísimas. Eso es sufrimiento; los trabajadores de la fábrica han hecho horas extras para conseguir sacar el pedido a tiempo. Eso es esfuerzo (o explotación si no les pagan las horas extra con dinero en lugar de tiempo). Si haces algo que te gusta, a pesar de la dificultad, es esfuerzo. Decir que jugar a fútbol te causa sufrimiento es reconocer que lo haces contra tu voluntad o contra tus capacidades físicas. Aunque me atrevo a decir que jugar mermado, si te gusta jugar, es esfuerzo más que sufrimiento.

Un futbolista sufre cuando no juega. Esa es la esencia del fútbol. Cualquier persona que siguiese cobrando por no trabajar estaría la mar de feliz, pero un futbolista que no juega, aun cobrando el sueldo íntegro, lo pasa mal. Tener los fines de semana libres es un drama. ¿Quiere decir eso que los futbolistas seamos *masocas*? ¿Más trabajadores que un cartero? No. Solo quiere decir que, quieras o no, la pasión por el fútbol es lo que mueve al futbolista. Un amigo, exfutbolista profesional, Moisés Hurtado, suele decir que su verdadera pasión es el rock and roll, que, si pudiese elegir entre ser futbolista profesional y cantante de rock, escogería lo segundo. Pues no me lo creo. Si no le hubiese apasionado tanto el fútbol no hubiese dedicado tanto tiempo a su carrera. Con solo la mitad de tiempo invertido (unos catorce años) podría haber sido algo en el rock, o no, pero si tan apasionado era del rock hubiese sacado tiempo para dedicárselo. El fútbol tiene muchas subidas y bajadas, a veces incluso creemos que no es lo nuestro, pero si aguantamos es por algo: nos apasiona jugar. Que nadie se engañe creyendo que quien se dedica al fútbol es porque tiene un talento especial para ello; son unos pocos los que tienen un talento especial, los demás es pasión y mucho trabajo. Dedicando tanto tiempo al piano también se hubiesen convertido en pianistas.

El talento, en el común de los mortales, es el resultado de esfuerzo.

(Realmente, llamarlo esfuerzo sigue siendo erróneo)

Capítulo extra

Juana, la mujer de Juan

No todos los futbolistas salen con modelos, aunque habría que preguntarse qué lleva a las modelos a juntarse con futbolistas. Que los jugadores van a por modelos es una cuestión obvia: la belleza estandarizada. Pero, como he dicho antes, no todos creen que las modelos son el punto álgido se sus carreras.

La mujer de un ex compañero me explico que cuando llegaban a una ciudad nueva, para evitar etiquetas, decía que su marido era militar o cualquier cosa por el estilo. Supongo que, para poder justificar en alguna conversación, con mujeres que no estaban emparejadas con futbolistas, el continuo cambio de ciudades. Ellos se conocieron en la ciudad de ella cuando él fichó por el equipo del lugar. El caso es que él nada más llegar se puso a estudiar un grado de formación profesional a diferencia de los "foráneos del equipo", que teníamos como principal y única ocupación meter la pata en el fútbol de élite. Pues esa decisión de ponerse a estudiar con más de veintidós años le ayudó a integrarse y a huir de la burbuja del fútbol construyendo una red de amistades fuera del mundillo del fútbol.

Para mí sorpresa, seguía conduciendo el mismo Fiat que cuando estábamos en el Espanyol B; eso ya daba una pista del tipo de futuro que se estaba labrando. Ganando más dinero que yo, vivía compartiendo piso, algo que a mí me horrorizaba porque no quería vivir al ritmo de terceros. Pues para... -llamémosle Juan-para Juan la cuestión de la vivienda no era lo más importante; para él las prioridades eran el fútbol, sus estudios y su pareja, no en ese orden, supongo. El tiempo me dice que Juan ya tenía una previsión de futuro al alcance de muy pocos futbolistas. En ese mismo equipo había jugadores arruinándose a pesar de ingresar una buena cantidad de miles de euros cada mes.

Al final de esa temporada Juan y yo nos perdimos la pista, pero veía que su carrera iba progresando años tras año. Se puede decir que no era el tipo de jugador que entraba en las apuestas para dar el salto a la élite de forma brusca, de hecho, su progresión fue de paulatina, a base de trabajo, como siempre había hecho. Muchos años más tarde nos encontramos en un parque de Sabadell. Ambos seguíamos con las mismas parejas que doce años antes; ambos felices en nuestras respectivas vidas; ambos retirados. Empezamos a hablar y cada frase que me decía me iba dando pistas de lo importante que es tener una compañera (o compañero) de viaje adecuado en la corta, pero intensa carrera de futbolista.

Mis preguntas cada vez fueron dirigiéndose a... -llamémosla Juana- a Juana. Me apasionaba saber cómo vive la mujer de un futbolista la carrera de éste. Alguno se preguntará por qué no se lo pregunto a mi mujer, pues porque cuando nos conocimos solo me quedaban un par de años de fútbol (cinco equipos). Por eso tuve claro que es la mujer de mi vida, porque no tuvo reparos en unirse a un "futbolista B". Durante toda mi carrera tuve dudas en cuanto a qué era lo que podía gustar de mí a las mujeres, si mi belleza, mi estatus de futbolista o mi sobrada inteligencia, supongo que mi sentido del humor. Pero las dudas estaban ahí. Llegó un punto en el que decidí no salir con modelos, y lo he cumplido. Volviendo a Juana: pasaba muchas horas en casa, lejos de su círculo de amistades, de su ciudad... todo por estar con Juan. Juan se lo reconocía y hacía lo posible por hacer más llevaderas las estancias. Hay que tener en cuenta que en muchos de los equipos en los que estaban -porque eran un conjunto- había meses en los que no cobraban. Juana no podía trabajar porque estudiaba y porque no era fácil encontrar trabajo en una ciudad sin contactos, por lo cual no siempre entraban dos sueldos, aunque eso no les impedía seguir formándose y construyendo una vida en común rígida. Algo que les ayudó a sobrellevar los momentos económicos más inestables fue vivir con menos de la mitad de lo que ingresaban "y aun así no nos privábamos de nada", me decían; claro, el nivel de los caprichos que tenga uno es lo que condicionará su situación económica.

Me contaban entre Juana y Juan una anécdota que me parece de un valor incalculable. Resulta que en un equipo de buen nivel en el que jugó Juan, pasaron por un período de impagos muy severo. Podría ser muy grave para un mileurista, pero en ese vestuario había jugadores que ganaban cinco mil euros al mes o más, pero que no llegaban a final de mes si les faltaba una sola nómina. Juan le preguntó a un compañero cómo lo llevaba. Este le dijo que "estaba jodido". Juan que también estaba jodido, pero tenía suficiente para tirar todo el año, creyendo que exageraba le quiso tranquilizar diciendo que "mientras tengas para pasar unos meses...", el compañero negó con la cabeza y le dijo que para arrancar cada mes necesitaba unos cuatro mil euros como mínimo para cubrir los gastos fijos (coches, colegios niños, hipotecas, inversiones...), a Juan le llamó la atención tanta precariedad para el poseedor de un Porsche Cayenne y un cinturón Versace de cien euros -algo impensable para el sentido común de Juana y Juan-. A Juan solo se le ocurrió preguntar: "¿Y qué has hecho con tanto dinero?". "Eso quisiera saber yo", dijo *El Compañero Jodido.*

Pues el tren de vida de *El Compañero Jodido* y su mujer tenía más sombras que luces. Juana y Juan no los criticaban, simplemente me dijeron que para llegar donde estaban en ese momento encontraron más espinas que rosas, y que por un año bueno no iban a bajar la guardia. El tiempo les ha dado la razón. Juan tiene una empresa y Juana un puesto de funcionaria.

Si Juan hubiese perdido la cabeza por conquistar a una modelo, en lugar de formar un tándem con Juana, podría haber sido un *Compañero Jodido* emparejado con una *fashion Blogger* sin formación, pero con miles de seguidores en Instagram. Sin embargo, el destino le unió a una inteligente bella mujer.

Conclusión: si eres futbolista no estás obligado a tener una modelo como pareja.

Made in the USA
Columbia, SC
27 August 2019